KB045456

의성의태어의 발견

어휘에 풍요로움을 더하는 우리말 공부

의성의태어의 발견

박일환 지음

사람in

차례

1. 의성의태어에 대한 이해

2. 동작을 나타내는 말들

3. 태도를 나타내는 말들

4. 말과 소리를 나타내는 말들

5. 동물과 식물에 관한 말들

6. 생각해볼 말들

우리말의 우수성 중 하나는 어휘가 매우 다양하면서도 풍부하다는 점이다. 그중에서도 의성의태어의 풍부함은 다른 나라의 어떤 언어보다 월등하다. 이 사실을 대략 알고 있었지만 이번 책을 쓰기 위해 국어사전을 꼼꼼히 들여다보면서 새삼 놀랐다. 내가 모르는 의성의태어가 이렇게 많았단 말인가? 그러면서 한편으론 우리네 언어생활이 그런 풍부함을 계속 축소시키는 쪽으로 흘러가는 건 아닌가 하는 아쉬움도 느꼈다.

국어사전 안에서 겨우 숨만 쉬고 있는 듯한 의성의태어가 너무 많았다. 모든 언어는 시간이 지나면서 변한다. 있던 낱말이 사라지고 없던 낱말이 등장하면서 시대에 맞는 새로운 언어 생태계를 구축하기 마련이다. 하지만 오랜 세월에 걸쳐 축적된 언어 자산을 국어사전 안에만 가둬두는 건 손실이라는 것 또한 분명하다. 그중 일부 낱말들은 언어에 민감할 수밖에 없는 시인과 소설가들의 눈에 띄어 빛을 보기도 하지만 일상 언어생활 속으로 깊이 스며들지는 못하고 있다.

그런 상황에서 이미 낯선 얼굴을 하고 있는 말들을 모두 끄집어내어 되살려 쓰자고 하기는 어렵다. 그래도 이 책에서 소개하는 의성의태어들 중 일부나마 국어사전 바깥의 햇볕을 쬐는 기회를 얻을 수 있다면 좋겠다.

책을 쓰면서 이런 낱말들이 있다는 걸 소개만 하고 싶지는 않았다. 독특한 의성의태어들이 탄생한 유래나 배경, 나아가 조어법에 대한 소개까지 곁들임으로써 우리말에 대한 다양한 지식을 전하고 싶었다.

그럼으로써 우리말의 장점을 조금 더 이해하고 사랑하는 마음이 깊어졌으면 하는 바람을 담으려 애썼다. 의도가 얼마나 달성됐는지는 독자 여러분이 판단할 일이지만 조금이라도 새로운 발견의 기쁨을 누릴 수 있기를 바랄 뿐이다.

의성의태어가 너무 많다 보니 본문에서 일일이 다룰 수 없는 한계가 있었다. 그래서 너무 뻔한 낱말들은 빼고 의미 있는 분석과 해설이 가능한 낱말 중심으로 엮어갔다. 아쉬움을 달래기 위해 독자들이 알아두면 좋겠다 싶은 의성의태어들을 모아 부록으로 첨부했다.

인터넷의 등장으로 인해 종이 사전의 시대는 지나갔다. 그래서 현재 웹 형태로 제공되는 국어사전 중 국립국어원이 만든《표준국어대사전》을 중심으로 삼으면서《고려대한국어대사전》이 다루고 있는 내용을 비교와 보완의 대상으로 삼았다. 그러면서 국립국어원이 시민과 함께 만드는〈우리말샘〉을 비롯해 일부 다른 사전의 도움도 받았다.

책 작업을 제안하고 이끌어준 사람in 출판사와 기획편집 팀 김효정 차장님께 고마운 마음을 전한다. 아울러 인쇄와 제본을 담당해준 분들의 노고에도 깊이 머리 숙인다.

박일환 씀

1.

의성
의태어에
대한
이해

경이로운
우리말

사람이나 사물의 소리를 흉내 낸 말을 의성어, 모양이나 움직임을 흉내 낸 말을 의태어라 한다. 국어사전의 뜻풀이에 '-는 소리'라고 되어 있으면 의성어, '-ㄴ/는 모양'이라고 되어 있으면 의태어에 해당한다. 의성어와 의태어는 분명히 구분되기도 하지만 그렇지 않은 경우도 많다. 가령 '침을 꿀꺽 삼켰다'라고 할 때 '꿀꺽'을 의성어로 볼지 의태어로 볼지 딱 잘라 판단하기 어렵다. 국어사전에서는 그런 낱말들의 뜻풀이를 다음과 같이 처리해놓았다.

찰랑 가득 찬 물 따위가 잔물결을 이루며 넘칠 듯 흔들리는
소리. 또는 그 모양.

의성어로 볼 수도 있고 의태어로 볼 수도 있다는 말이다. 그래서 의성어와 의태어를 굳이 구분하지 않고 둘을 묶어 '의성의태어'라는 용어를 쓰는 게 일반적이다. 우리말로 '흉내말'이라는 용어를 쓰기도 한다.

다른 나라의 언어에 비해 우리말은 의성의태어가 매우 발달했다. 그런 특성은 어떤 대상을 직접 보거나 소리를 듣지 않아도 충분히 실감할 수 있도록 도와줌으로써 표현을 풍부하게 만드는 역할을 한다. 우리말에 의성의태어가 많은 까닭은 모음과 자음의 변화를 통해 형태가 다양한 계열어를 만들어내기 때문이다. '가뭇가뭇'에서 모음을 바꾸면 '거뭇거뭇'이 되고, '거뭇거뭇'에서 자음을 바꾸면 '꺼뭇꺼뭇'이 되는 식이다. '빈둥빈둥'이 '반둥반둥'과 '밴둥밴둥', '번둥번둥'을 불러오고, 나아가 '삔둥삔둥', '빤둥빤둥', '뺀둥뺀둥', '뻔둥뻔둥', '핀둥핀둥', '판둥판둥', '팬둥팬둥', '펀둥펀둥'까지 가지를 쳐나가는 걸 보면 경이로운 느낌이 든다. 이처럼 어감의 미묘한 차이를 드러낼 수 있도록 도와주는 게 우리말이 지닌 의성의태어의 장점이다.

이뿐이 아니다. '말랑말랑'처럼 같은 말을 반복해서 만든 첩어뿐만 아니라 앞말에 이어 약간의 변화를 준 뒷말을 결합한 준첩어를 만들어 표현의 다양성을 넓혔다. '알록알록'을 변형한 '알록달록'이나 '우물우물'과 '쭈물쭈물'을 합성해서 '우물쭈물' 같은 준첩어를 만드는 언어 감각은 탁월하다 하지 않을 수 없다. 첩어나 준첩어는 말의 리듬감을 살려줄 뿐만 아니라 생동감까지 불러일으킨다. '출렁'보다는 '출렁 출렁'이, '댕그랑'보다는 '댕그랑댕그랑'이 훨씬 그런 느낌 을 전해준다. 그런가 하면 '댕그랑댕그랑'을 변형한 '왱그랑 댕그랑' 같은 준첩어는 말맛을 잘 살려서 흥겨움까지 더한 다. 이런 준첩어들이야말로 우리말의 보고라 해도 지나치 지 않다. '왱그랑댕그랑'의 줄임말은 '왱강댕강'인데, 거기 서 나아가 '왱강쟁강'까지 만들어 쓰고 있다. 그런가 하면 다 음과 같이 색다른 변이형들도 만듦으로써 우리말의 조어력 (造語力)이 얼마나 대단한지 알 수 있게 한다.

<u>왱댕그랑</u> 얇은 쇠붙이 따위가 요란스럽게 마구 부딪치는 소리.

'알록달록'을 늘여서 '알로록달로록'으로, '철퍽철퍽'을 늘 여서 '철퍼덕철퍼덕'으로 만드는 방식까지 합치면 우리말은 조금만 주물럭주물럭 만져주면 얼마든지 새로운 말을 생성 하는 힘을 가졌다.

의성의태어를 만드는 방식 몇 가지를 살펴보자.

우선 동사와 형용사의 어근을 빌려 와서 만드는 방식이

다. '흔들흔들'은 '흔들다'에서, '길쭉길쭉'은 '길다'에서 가져온 것임을 어렵지 않게 알 수 있다. 자세히 들여다보지 않으면 연결 관계를 쉽게 파악하기 힘든 것들도 있다. '꾸벅꾸벅'을 '굽다', '골골'을 '곯다', '이글이글'을 '익다', '꼬장꼬장'을 '곧다'와 연결하는 것들이 그렇다. 이들 낱말도 유사성을 곰곰이 따져보면 고개를 끄덕이게 된다.

명사를 가져와서 만든 낱말들도 있다. '대롱대롱'은 가느다랗고 속인 빈 대나무의 토막을 뜻하는 '대롱'에서, '줄줄'은 긴 끈을 뜻하는 '줄'에서 비롯한 낱말이다. 그렇게 만들어진 '줄줄'은 또 '주룩주룩'을 파생시켰다. 용언에서 가져온 낱말보다는 수효가 적지만 이런 조어법을 적용해서 만든 의성의태어들도 제법 있다.

이들은 주로 의태어 계열에 속하는 것들이고, 의성어 계열의 낱말은 소리를 그와 가까운 근사치로 표현해서 만든 것들이다. 고양이가 우는 소리를 '야옹'으로, 총 쏘는 소리를 '땅'이나 '탕'으로, 돼지가 우는 소리를 '꿀꿀'로 나타내는 건 사회 구성원들이 그렇게 하자고 합의해서 만든 것들이다. 이런 말들은 실제 소리와 완벽하게 들어맞지는 않는다. 그래서 나라마다 같은 소리를 다른 말로 표현하고 있으며, 개가 짖는 소리를 우리는 '멍멍'이라고 하지만 영어권 국가에서는 'bow-wow'라고 하는 게 그런 예이다. 의성의태어가 소리나 모양을 실제 그대로 나타내는 게 아니어서 이런 말을 상징어라고도 한다. 그럴싸한 표기로 꾸며서 상징만 한다는 의미다.

용언의 힘을 빌려 의성의태어를 만들기도 하지만 반대로 의성의태어가 용언을 만들기도 한다. '출렁'이 '출렁대다'와 '출렁거리다'를 만들고, '펄럭'이 '펄럭이다'와 '펄럭거리다'를 만들어내는 식이다. 이런 형태는 주로 의성의태어 뒤에 접사를 붙이는 방식으로 이루어진다. 그런가 하면 의성의태어가 명사를 만들기도 하는데, '보슬보슬'에서 '보슬비'가 나오고, '깜빡깜빡'이 자동차의 방향 지시등을 가리키는 '깜빡이'를 탄생시킨 것들이 그렇다.

그런가 하면 어원을 추적하기 힘든 의성의태어도 많다. 물건이 거듭 쌓이거나 일이 계속 일어남을 뜻하는 말인 '곰비임비'라든지, 단단하게 묶지 아니한 모양이나 결과를 바라지 아니하거나 헛일하는 셈 치고 시험 삼아 하는 모양을 뜻하는 말인 '에멜무지로' 같은 낱말들이 그렇다.

말은 시간이 지남에 따라 변하기 마련이고, 그런 면에서는 의성의태어도 마찬가지다. 예전에 사용하던 의성의태어가 사라지고 새로운 형태의 의성의태어가 나타나 그 자리를 차지하는가 하면 지금도 새로운 의성의태어가 꾸준히 등장하고 있다. 국립국어원이 운영하는 〈우리말샘〉에 다음과 같은 낱말이 실려 있다.

오용지용 [옛말] 말이 우는 소리.

이와 함께 예문으로 옛시조의 한 대목인 "삼 년 묵은 말가 죽은 오용지용 우짓는데"라는 구절을 제시했다. 그런데 《표준국어대사전》에 이런 속담이 소개되어 있다.

삼 년 묵은 말가죽도 오롱조롱 소리 난다.
봄이 되어 만물이 다시 활동하기 시작하는 모양을 비유적으로 이르는 말.

여기서는 '오용지용' 대신 '오롱조롱'이라고 했다. 그리고 다른 옛 문헌에는 '외용지용'과 '외용죄용'으로 표기한 것도 있다. '오용지용'이 됐건 '외용지용', '외용죄용'이 됐건 지금은 모두 쓰지 않는 말이다. 속담에 사용된 '오롱조롱'은 국어사전에 이렇게 나온다.

오롱조롱 한데 모여 있는 작은 물건 여럿이 생김새나 크기가 제각기 다른 모양.

〈우리말샘〉이 '오용지용'을 풀이한 것과는 뜻이 딴판이다. 어찌 된 일일까? 어느 시점인지는 몰라도 '오용지용'이라는 말이 점차 쓰이지 않으면서 비슷한 소리를 내는 '오롱조롱'을 끌어들인 모양이다.

'오용지용'이 말이 우는 소리라고 하면 언뜻 상상이 되지 않는다. 하지만 〈우리말샘〉에 '오흥'을 실으면서 말이 우는 소리를 나타내는 북한어라고 한 걸로 보아 옛날에는 '오용지용'과 같은 의성어를 썼다는 주장이 근거가 없지는 않은 듯하다.

의성의태어는 흉내 낸 말이기 때문에 사람에 따라 흉내 내는 방식이 다를 수 있다. 그래서 꼭 국어사전에 오른 낱말만 써야 한다는 법은 없다. 국어사전에 웃는 소리로 '하하'만 있다고 해서 '하하하'를 쓰면 안 되는 게 아니고, 국어사전에 오른 '히히' 대신 '히힛'을 쓴다고 해서 그걸 틀렸다고 할 수 없다. 국어사전에 표준어가 아니라 비표준어나 방언으로 처리되어 있는 의성의태어도 자신의 마음에 들면 얼마든지 가져다 써도 된다.

싸드락싸드락 → 시위적시위적.
시위적시위적 일을 힘들여 하지 아니하고 되는 대로 천천히 하는 모양.

'싸드락싸드락'이 비표준어이므로 '시위적시위적'을 쓰라는 말이다. 그런데 이 낱말을 안도현 시인은 자신의 시 〈나비의 눈)에 끌어들여 "몇 차례 싸락눈으로/ 싸드락싸드락 왔다 간다"라는 구절을 만들었다. 이때 '싸드락싸드락'이 절묘한 역할을 한다. 힘들이지 않고 천천히 내린다는 의미를 담는 동시에 '싸락눈'과 '싸드락'을 병치함으로써 다른 눈이 아닌 싸락눈이 내리는 풍경에 잘 어울리도록 했기 때문이다. 눈이 가볍게 내리는 소리를 뜻하는 '싸락싸락'이 표준어로 존재하긴 하지만 '싸락눈'과 '싸락싸락'은 거리가 너무 가까워 신선한 표현이라는 느낌을 주기 어렵다. 그 대신 '싸드락싸드락'을 갖다 놓음으로써 멀지도 가깝지도 않은 거리감을 유지하는 동시에 소리의 유사성이 주는 효과를 톡톡히 누리고 있다.

이처럼 시인이나 소설가들은 국어사전과 표준어가 강제하는 규범에 갇히지 않고 자신만의 어휘를 새로 만들어 쓰기도 하고, 국어사전 깊숙한 곳에 잠들어 있는 어휘를 찾아내 자신의 작품 안에 풀어놓기도 한다. 말이란 부리기 나름이지만 무엇보다 입에서 입으로 옮겨 다니며 사랑받아야 한다. 그렇지 않으면 시들시들 힘을 잃다가 시나브로 자취를 감춰버리고 만다. 그게 말이 지닌 운명이다. 국어사전 안에만 갇혀 있는 의성의태어가 무척 많다. 눈 밝은 누군가가 찾아와 구원해주기를 간절히 바라면서.

2.

동작을
나타내는
말들

사부작사부작과

사부랑삽작

움직임을 크게 하지 않는 동작을 나타낼 때 '살금살금'이나 '꼼지락꼼지락' 같은 의태어를 쓴다. '살금살금'은 남의 눈치를 보면서 살며시 행동하는 모양을, '꼼지락꼼지락'은 신체의 일부분을, 혹은 자신이 있는 위치에서 크게 벗어나지 않으면서 조금씩 움직이는 모양을 나타낼 때 쓴다. 그래서 '아기가 발가락을 꼼지락꼼지락 움직인다'거나 '벌레가 꼼지락꼼지락 기어간다'는 식으로 표현한다. 일상 언어생활에서 활발하게 사용되는 두 낱말에 비해서는 사용 빈도가 낮지만 그래도 제법 많은 이가 사용하는 낱말이 있다.

사부작사부작 별로 힘들이지 않고 계속 가볍게 행동하는 모양.

풀이에는 "가볍게 행동하는 모양"이라고만 했지만 걷는 모양새를 나타낼 때 주로 사용하는 낱말이다. 한꺼번에 큰 힘을 쓰면 오래 지속하기 어렵다. 그래서 산책을 하거나 야트막한 뒷동산 정도를 천천히 오를 때 '사부작사부작'이라는 낱말을 끌어들여 표현한다.

'사부작사부작'의 큰말은 '시부적시부적'이고, '사부자기'와 '시부저기'라는 부사를 만들어 쓰기도 한다. '꼼지락꼼지락'의 큰말은 '꿈지럭꿈지럭'이며, 줄임말은 '꼼질꼼질'과 '꿈질꿈질'이다.

'사부작사부작'을 모르는 이들은 없겠지만 아래 낱말을 들어본 이는 드물 듯하다.

> 사부랑삽작 힘들이지 않고 가볍게 살짝 건너뛰거나 올라서는 모양.

'사부랑'과 '삽작'을 합친 형태로 되어 있는데, 큰말은 '서부렁섭적'이다. '사부랑'은 어떨 때 쓰는 말일까? 국어사전에는 '사부랑'이 "사부랑거리다의 어근"이라고만 되어 있으며, 홀로 쓰이지는 않는 것으로 나온다. 대신 첩어 형태로 된 두 개의 동음이의어를 표제어로 올렸다.

사부랑사부랑(1) 주책없이 쓸데없는 말을 자꾸 지껄이는 모양.

사부랑사부랑(2) 묶거나 쌓은 물건이 다 바짝바짝 다가붙지 않고 좀 느슨하거나 틈이 벌어져 있는 모양.

첫 번째 낱말과 같은 계열로는 '시부렁시부렁', '싸부랑싸부랑', '씨부렁씨부렁'이 있으며, '씨부렁씨부렁'에서 파생된 '씨불씨불'도 표제어에 있다. 사부랑거리는 사람은 언행이 다소 가벼워 보일 뿐이지만, 씨부렁거리는 사람은 상대의 얼굴을 찌푸리게 만든다.

두 번째 낱말과 같은 계열은 '서부렁서부렁' 하나뿐이다. '사부랑삽작'의 '사부랑'은 필시 두 번째 낱말과 연관 있을 것이다. 큰말이 '서부렁섭적'으로 되어 있는 것만 보아도 그렇다. '삽작'은 독립된 낱말로 쓰이지 않으며 대신 '섭적'이 표제어에 있다.

섭적 힘들이지 아니하고 거볍게 선뜻 건너뛰거나 올라서는 모양.

옛글에서 '사부랑삽작'이 쓰인 예는 찾지 못했지만 '서부렁섭적'은 판소리 〈춘향가〉나 〈적벽가〉 등에서 쓰인 걸 확인했다. 그렇게 본다면 '섭적'과 '서부렁섭적'이 먼저 쓰이기 시작했을 가능성이 높다.《표준국어대사전》은 '서부렁섭적' 풀이 아래 "개울을 서부렁섭적 건너다"와 "지붕에 서부렁섭적 올라서다"라는 두 개의 예문을 제시했으나 '사부랑삽작'에는 예문을 싣지 않았다. 대신《고려대한국어대사전》이 다음과 같은 예문을 제시하고 있다.

> ▶ 할아버지의 어깨 위에 낙엽 한 장이 사부랑삽작 걸터앉는다.

두 낱말 모두 아는 이들이 적어 국어사전 안에 갇혀 있는 형국이다. 다만 눈 밝은 시인들이 두 낱말을 찾아내 시어로 활용한 예는 더러 있다. '사부작사부작'과 함께 '사부랑삽작'도 나란히 사랑받을 수 있는 날이 올까? 모를 일이긴 하지만 국어사전 안에만 가둬두기에는 아깝다는 생각이 드는 낱말이다.

'사부랑삽작'이 줄어서 '사부작'이 된 건 아닐까 하는 생각도 해보았다. 중간의 두 글자만 빼내면 되니 그런 추론이 터무니없지는 않아 보인다. 문제는 같은 방식으로 하자면 '서부렁섭적'이 줄어서 '서부적'이 되어야 할 것 같은데 그런 말은 없거니와, '사부작'의 큰말이 '시부적'이라는 것까지 떠올리면 앞의 추론이 힘을 받지는 못한다.

'사부랑삽작'과 비슷한 형태로 이루어진 낱말이 있다.

나부랑납작하다: 평평하게 퍼진 듯이 납작하다.
나부랑납작이: 평평하게 퍼진 듯이 납작하게.

큰말인 '너부렁넓적하다'와 '너부렁넓적이'도 각각 표제어로
올라 있다. '나부랑' 역시 독립된 낱말로 쓰이지 않으며《고려
대한국어대사전》에 실없이 자꾸 말한다는 뜻을 지닌 '나부랑
대다'와 '나부랑거리다'의 어근이라고만 나온다. '나부랑'은
'납작'에 맞추기 위해 뜻과 상관없이 소리가 비슷한 말을 끌
어온 것으로 보인다.

바람만

바람만

우리말에는 소리는 같지만 뜻은 전혀 다른 동음이의어가 꽤 많다. 그중 하나인 '바람'은 여러 가지 뜻을 지니고 있지만 크게 두 가지 용법으로 대별된다. 하나는 기상 현상에 따라 일어나는 공기의 흐름을 뜻하는 '바람'이고, 다른 하나는 어떤 일이 이루어지기를 기다리는 간절한 마음을 뜻하는 '바람'이다. 일상 언어생활에서 두 '바람'을 혼동할 사람은 없겠지만 앞뒤 맥락 없이 '바람만바람만'이라는 낱말을 제시한다면 고개를 갸우뚱거릴 수도 있겠다. 그런 낱말이 다 있느냐고 할 사람도 있겠고, 바람이 불어오기를 간절히 바라는 마음을 담아서 쓰는 낱말이 아니냐고 할 사람도 있을 게 분명하다. 일단 무슨 뜻을 지닌 낱말인지부터 알아보자.

<u>바람만바람만</u> 바라보일 만한 정도로 뒤에 멀리 떨어져 따라
가는 모양.

뜻을 확인하기 전에 짐작한 내용들과는 거리가 있을 것
으로 보인다. '바람만'의 '바람'은 앞에서 제시한 두 가지 뜻과
는 관련이 없는 '바라보다'에서 가져왔다. 그렇다면 '바라보
일 만 바라보일 만'을 줄인 '바라만바라만'이라고 해도 되지
않았을까? 그게 의미의 혼란을 막을 수 있는 조어법이 아니
었을까? 이런 의문의 실마리를 풀어볼 만한 계기로 삼을 수
있는 낱말이 있다.

<u>발맘발맘</u> 1. 한 발씩 또는 한 걸음씩 길이나 거리를 가늠하
며 걷는 모양. 2. 자국을 살펴가며 천천히 따라가
는 모양.

'바람만바람만'은 '발맘발맘'의 변이형이 아닐까 하는 추
론을 해볼 만하다. 물론 1백 퍼센트 그렇다고 단정하기는 힘
들다. 말의 변화 양상은 누군가의 의도에 따라 결정되는 게
아니고 문헌 자료로 정확하게 증명하기도 힘든 경우가 대부
분이기 때문이다. 같은 말을 사용하는 사람들의 집단 속에서
자연스레 이런저런 변화가 일어나고, 그렇게 하나의 말이 다

양한 모습으로 가지를 치면서 어느 순간 새로운 낱말이 탄생하는 법이다. '발맘'과 '바람만'의 유사성으로 볼 때 같은 뿌리를 가진 낱말일 거라는 나의 심증에 고개를 끄덕일 분들이 있지 않을까 싶다. 물론 '바람만바람만'은 '바라보다'와, '발맘발맘'은 한 발 두 발 할 때의 '발'과 의미상의 연관을 지니고 있으므로 둘 사이에 차이가 있는 건 분명하다. 하지만 그런 의미상의 차이보다 발음상의 유사성에 이끌려 새로운 낱말을 만드는 일도 얼마든지 있을 수 있다.

그렇다면 아래 낱말은 또 어떨까?

<u>발밤발밤</u> 한 걸음 한 걸음 천천히 걷는 모양.

'발맘발맘'과 통하는 말이다. 그만큼 우리말의 형태가 다채롭다는 것을 알 수 있게 한다. 걷는 건 뛰는 거에 비해 힘이 덜 드는 일이고, 자연스레 '느릿느릿'이라는 말을 떠올리게 한다. 앞에서 소개한 세 낱말 모두 일상 언어생활에서 자주 접하지는 못했을 테다. 말은 안 쓰면 잊히거나 사라지고 그 자리를 새로운 말이 나타나서 채운다. 지금까지 소개한 낱말들을 잘 기억해두었다가 일상 언어생활에 모두 적용해보라고 권유하기는 힘들다. 다만 지금까지 소개한 낱말들은 그냥 버리기에는 아깝다는 생각이 든다. 어감도 좋거니와 바쁜 일

상을 살아가는 현대인들에게 여유 있는 삶을 생각해보도록 하는 괜찮은 낱말들이다. 발밤발밤 걷듯 낱말 공부도 인생 공부도 한 걸음씩 차분히 채워가면 좋겠다.

참고

《표준국어대사전》은 '발밤발밤'의 어원을 '밟-+-암+밟-+-암'으로 제시하고 있다. '밟다'에서 왔다는 얘기다. 그런가 하면 '발맘발맘'의 어원은 '밤-+-암+밤-+-암'이라고 했다. 형태는 비슷해 보이지만 자세히 살펴보면 ㅂ 받침과 ㅁ 받침의 차이가 눈에 띄는데, '밟다'가 아닌 '밤다'라는 낱말이 따로 존재한다.

밤다: 1. 두 팔을 편 길이를 단위로 하여 길이를 재다. 2. 두 팔을 벌려서 마주 잡아당기다. 3. 한 걸음씩 떼어놓는 걸음의 길이를 단위로 하여 거리를 헤아리다. 4. 한 걸음씩 힘들여 앞으로 발을 떼어놓다. 5. 어린아이가 한 걸음씩 걷기 시작하다.

꽤 여러 가지 뜻으로 쓰는 낱말이다. 하지만 발음이 어려운 탓인지 지금은 저 낱말을 사용하는 사람을 찾아보기 힘들다.

부랴부랴와

부랴사랴

집에 강도가 들었을 때 "강도야!"라고 소리치면 이웃집에서 아무도 안 나오지만 "불이야!"라고 소리치면 너도나도 나온다는 말이 있다. 강도가 들면 그 집만 피해를 당할 뿐이지만 불이 나면 이웃집으로 옮겨붙을 수도 있기 때문이다. 게다가 불이 나면 혼자 힘으로는 끌 수 없는 경우가 대부분이다. 그래서 자신의 집에 불이 났거나 불이 난 현장을 목격한 사람이라면 황급히 뛰어다니면서 불이 난 것을 알리고 사람들을 불러 모은다. 그럴 때 입에서 나오는 소리가 "불이야! 불이야!" 하는 다급한 외침이다. 이 외침이 줄어서 다음과 같은 말이 되었다.

부랴부랴 매우 급하게 서두르는 모양.

  불은 초기에 잡지 못하면 삽시간에 번지기 마련이다. 촌각을 다투어야 하는 상황에서 어슬렁거리거나 느긋한 태도를 보일 수는 없는 일이다. '불이야 불이야'가 줄어서 '부랴부랴'가 됐지만 지금은 그런 어원 의식이 희미해졌다. 아울러 '불이야 불이야'는 다급하게 외치는 소리를 옮겨 적은 말이지만 '부랴부랴'는 의성어가 아닌 의태어 역할을 한다. 뜻풀이에서 보듯 소리가 아니라 서두르는 모양을 나타내는 말로 사용되고 있음을 알 수 있다.

  '부랴부랴'는 흔히 쓰는 표현이라 익숙하지만, 비슷한 뜻을 가진 '부랴사랴'는 사용 빈도수가 많지 않다.

부랴사랴 매우 부산하고 급하게 서두르는 모양.

  '부랴부랴'와 형태는 물론이거니와 말이 발생한 경로도 비슷하다. '불이야 살이야'라고 소리치는 걸 줄여서 만든 말이기 때문이다. 여기서 '살'은 '화살'을 뜻한다. 불이 나면 다급해질 수밖에 없지만 화살이 날아오는 상황도 마찬가지이며, 화살이 날아오는 속도는 불이 번져 오는 속도에 비할 바가 아니다. 그러니 얼마나 다급한 상황이겠는가. 화살이 날아가는 속도에 빗댄 말이 '쏜살같이'라는 부사다. 쏜 화살처럼 빠르다는 말인데, 시대가 변하면서 화살보다 빠른 총이 등장하자 '총알같이'라는 표현이 새로 나와서 쓰이고 있는 중이다.

> **불현듯** 1. 불을 켜서 불이 일어나는 것과 같다는 뜻으로, 갑자기 어떠한 생각이 걷잡을 수 없이 일어나는 모양.
> 2. 어떤 행동을 갑작스럽게 하는 모양.

이 낱말 역시 '불'과 관련이 있다. 첫 번째 풀이에서 설명하고 있는 것처럼 불을 켜는 모습에서 비롯한 말이기 때문이다. '켜다'의 옛말이 '혀다'였으며, 따라서 '현듯'은 '켠듯'의 원형이 아직 남아 있는 형태라고 볼 수 있다.

불과 관련한 말로 '부리나케'라는 부사도 있다. 이 말 역시 급하게 서두르는 모습을 나타낼 때 쓰이는데, '불이 나게'가 변해서 된 말이다. 우리가 흔히 '발바닥에 불이 나도록 뛰어다녔다'와 같은 식의 표현을 사용하는데, '부리나케'와 통하는 표현이다. 어떤 물건이든 빠르게 마찰시키면 열이 나기 마련이고, 이 원리를 이용해서 먼 옛날에는 두 개의 부싯돌을 여러 번 빠르게 부딪쳐서 불꽃을 일으켰다.

《표준국어대사전》은 '부랴부랴' 항목에 다음과 같은 예문을 제시하고 있다.

▶ 부랴부랴 달려갔지만 기차는 이미 떠난 뒤였다.

이 문장에서 '부랴부랴' 대신 '부랴사랴'나 '부리나케'를 넣어도 아무런 문제가 없다.

비틀거리는
모양을

나타내는
말들

한쪽으로 기울어지거나 쏠린 상태를 뜻하는 '비뚤다'라는 말에서 파생된 의태어가 꽤 많다. 우선 '비뚤비뚤'을 예로 들 수 있고, 여기서 다시 '배뚤배뚤', '삐뚤삐뚤', '빼뚤빼뚤'이 갈라져 나왔다. 그런가 하면 아래처럼 다른 말을 끌어와 덧붙여 만든 낱말들도 있다.

왜뚤비뚤 이리저리 비뚤어진 모양. '왜뚤삐뚤'보다 여린 느
낌을 준다.
왜틀비틀 몸을 몹시 흔들고 비틀거리며 걸어가는 모양.
왜뚤왜뚤 이리저리 몹시 비뚤어진 모양.

‘비’로 시작하는 낱말로 ‘비틀비틀’과 ‘비실비실’이 있는데, ‘비틀비틀’ 역시 ‘배틀배틀’, ‘삐틀삐틀’, ‘빼틀빼틀’을 거느리고 있다. 같은 유형의 낱말인 ‘비칠비칠’도 ‘배칠배칠’을 거느리고 있으나 쓰임새는 별로 없다. ‘비뚤비뚤’이 사물이나 글씨 등의 생김새를 표현한다면 ‘비칠비칠’은 걸음걸이를 나타낼 때 쓴다.

같은 유형의 낱말 ‘비실비실’도 있는데, 이 낱말은 비틀대는 걸음걸이뿐만 아니라 비굴하게 구는 모습이나 실없이 흘리는 웃음을 나타낼 때도 쓰는 등 의미의 폭이 넓다. ‘비칠비칠’이 ‘배칠배칠’과 짝을 이루는 것처럼 ‘비실비실’의 작은말로 ‘배실배실’이 쓰일 법한데, 국어사전에서 ‘배실배실’을 찾으면 ‘배슬배슬’을 찾아가라고 해놓았다. 표준어가 아니라는 말이다. 하지만 인터넷에서 검색해보면 ‘배실배실 웃는다’와 같은 표현을 어렵지 않게 만날 수 있다.

▸ 이어 임수정은 ‘무시무시한 악역을 배실배실 웃으면서 하고 싶다’고 덧붙여 웃음을 자아냈다.(〈매일경제〉, 2016. 4. 11.)
▸ 사랑도, 전시도 마음이 간질간질, 웃음이 배실배실 새어 나오는 볼 빨간 감정에서 시작된다.(〈한겨레신문〉, 2022. 4. 25.)

‘배슬배슬’보다 ‘배실배실’이 현실에서 더 많이 쓰이고 있음에도 '배실배실'을 내치는 걸 제대로 된 선택이라고 보기 어렵다. 사람들이 '배실배실'을 많이 쓰는 이유는 '배슬배슬'보다 발음하기가 쉽고 어감도 좋기 때문이다. 말이란 건 이렇듯 쓰는 사람들의 마음에 안길 수 있어야 한다. 국어학자나 국어사전 편찬자들의 마음에 안기는 것이 아니라. '배슬배슬'의 큰말은 '베슬베슬'이지만 역시 많이 쓰이지는 않는다.

'배슬배슬'은 비틀거리면서 걷는 모양을 나타내지만 아래처럼 다른 뜻을 지닌 동음이의어가 하나 더 있다.

> **배슬배슬** 어떠한 일에 대하여 바로 대들어 하지 아니하고 살그머니 자꾸 동떨어져 행동하는 모양.

'비슬비슬'의 센말로 '비쓸비쓸'이 표제어에 올라 있다. 이 낱말을 가지고 '비쓸비쓸 걷는다'처럼 쓰는 사람들이 있을까?《표준국어대사전》은 염상섭의 소설에서 빌려 온 구절을 예문으로 제시하고 있다. 하지만 요즘 사람들은 거의 사용하지 않는 낱말임이 분명하다. 궁금해서 옛 신문 기사들을 제공하는 〈네이버 뉴스 라이브러리〉에서 검색해보니 의외로 용례가 제법 나온다. 다만 1930년대 신문부터 보이기 시작해서 마지막으로 등장한 게 1953년도의 기사문이었다. 그 후로는 거의 쓰이지 않는 말이 된 셈이다.

'비'로 시작하는 낱말이 하나 더 있다.

<u>비치적비치적</u> 몸을 한쪽으로 약간 비틀거리거나 가볍게 절
룩거리며 걷는 모양.

'흐느적흐느적'과 의미상 거리가 별로 멀지 않은 낱말이
다. 같은 계열의 낱말로 '비트적비트적', '빼트작빼트작', '삐트
적삐트적', '배치작배치작', '배트작배트작'도 있으며, '배치작
배치작'의 준말인 '배착배착'도 표제어에 있다. 국어사전 안
에만 얌전히 머물러 있을 뿐 사전 바깥에서는 구경하기 힘든
낱말들이다.

이들과 형태가 다른 낱말도 있다.

<u>허청허청</u> 다리에 힘이 없어 잘 걷지 못하고 자꾸 비틀거리는
모양. '허정허정'보다 거센 느낌을 준다.

'허청허청'보다 심하게 비틀거릴 때 '휘청휘청'을 쓰며, 이
말보다 작은 말은 '회창회창'이다.

술에 취한 모양을

나타내는 말들

술은 적당히 마시면 약이 되지만 절제하지 못하면 독이 된다. 약주(藥酒)라는 말과 독주(毒酒)라는 말이 함께 있는 것만 보아도 그렇다. 어느 정도 마시는 게 적당한 수준일까? 사람마다 주량의 차이가 있어 딱 잘라 말할 수는 없지만 알딸딸한 상태를 넘지 않도록 하는 게 좋겠다. 그 정도가 됐을 때 흔히 '술이 얼근하게 취했다'라는 표현을 쓰곤 한다. '얼근하다'보다 작은 말은 '알근하다'와 '알큰하다'이고, 큰말은 '얼큰하다'이다.

얼근얼근 1. 술에 취하여 정신이 매우 어렴풋한 모양. 2. 매워서 입 안이 매우 얼얼한 느낌.

작은말인 '알근알근'은 있지만 큰말에 해당할 법한 '얼큰 얼큰'은 없다. 얼큰한 상태를 넘어 얼큰한 정도가 되면 다음 과 같은 신체 변화가 오기도 한다.

<u>게슴츠레</u> 졸리거나 술에 취해서 눈이 흐리멍덩하며 거의 감 길 듯한 모양. =거슴츠레.

동의어로 '거슴츠레'를 제시하고 있으며, 그보다 작은 말 은 '가슴츠레'이다. 최근 들어 '게슴게슴'이라는 말을 만들어 쓰는 이들도 있는데, 쓰는 이들이 늘다 보면 언젠가는 국어 사전에 오르게 될 것이다. '게슴츠레'와 비슷한 상태를 나타 내는 말이 있다.

<u>게게</u> 1. 코나 침 따위를 보기 흉하게 흘리거나 지저분하게 묻 힌 모양. 2. 눈이나 몸에 기운이 없어 축 늘어진 모양.

두 번째 풀이에서 뜻을 가져와 '술을 많이 마셔서 눈이 게 게 풀렸다'처럼 쓴다. 그런데 이상한 건 다음 낱말이다.

<u>개개풀리다</u> 1. 졸리거나 술에 취해서 눈에 정기가 흐려지다. 2. 말투 따위가 딱딱하던 것이 아주 부드럽게 되다.

두 번째 풀이에 나오는 뜻으로 이 말을 쓰는 걸 들어본 사람이 있을까? 쉽게 수긍하기 어려운 풀이로 보인다. 《표준국어대사전》에 나오는 풀이인데, 《고려대한국어대사전》은 이런 풀이 대신 "(끈끈한 것이) 녹아서 다 풀어지다"라는 뜻을 달았다.

더 이해하기 어려운 건 '게게'와 '개개풀리다'의 관계를 어떻게 보아야 하느냐는 사실이다. 나로서는 혼란스럽기만 한데, 그래선지 《고려대한국어대사전》에는 '게게'의 두 번째 풀이가 나오지 않는다.

"어허! 너무 취해서…"
탁지시 도정은 어느 사이에 게게풀린 눈으로 나선을 바라보며 손을 내저었다.

박용구가 1964년 10월 3일 자 〈경향신문〉에 연재한 소설 《계룡산》에 나오는 대목이다. 이처럼 '게게풀리다'라는 말이 쓰인 용례가 있고, 인터넷 검색을 해보면 최근에도 '게게'를 사용한 문장들이 나온다. ㅔ 발음과 ㅐ 발음을 구분하지 못하는 추세가 이어지면서 '게게'와 '개개'를 정확히 구분해서 발음하는 사람이 드물다. 그러다 보니 두 낱말이 표기만 다를 뿐 음성언어로서는 차별성을 갖지 못하고 있는 상태다. 그런 현실의 반영이 국어사전 안의 혼란으로 이어진 듯하다.

눈이 풀린 상태를 뜻하는 말로 '게게'보다는 '개개'가 훨씬 많이 쓰이고 있다. 그렇다면 《고려대한국어대사전》처럼 '게게'의 두 번째 풀이를 버리고 '개개풀리다'로 통일하는 게 혼란을 줄이는 방법이 될 수도 있겠다. '개개풀리다'와 함께 '개풀리다'도 표제어로 국어사전에 올라 있다.

> 헬렐레 1. 술에 몹시 취하거나 얼이 빠져 있거나 하여 몸을 가누지 못하는 모양. 2. 정신이 온전치 못하거나 맹한 모양.

눈이 풀린 상태를 넘어 몸까지 풀린 상태를 나타낼 때 쓰는 말이다. 이쯤 되면 주변 사람에게 민폐를 끼치기 십상이다. '헬렐레'보다 조금은 덜한 상태는 뭐라고 하면 좋을까?

> 해롱해롱 1. 술 따위를 마시고 취하여 정신이 자꾸 혼미해지고 몸을 제대로 가누지 못하는 모양. 2. 자꾸 버릇없이 경솔하게 까부는 모양.

'해롱해롱'을 '헤롱헤롱'으로 잘못 표기한 걸 자주 보게 된다. 틀린 표기지만 틀렸다는 사실 자체를 인지하지 못하는 사람이 많기 때문이다. 왜 그럴까? 헤매는 모습을 연상해서 '헤'

를 가져온 게 아닐까 싶다. '헤'라는 말이 앞에 붙으면 '헤프다' 라고 할 때처럼 뭔가 풀어진 느낌을 준다. 다음과 같은 낱말 이 특히 그렇다.

<u>헤실헤실</u> 1. 어떤 물체가 단단하지 못하여 부스러지거나 헤 지기 쉬운 모양. 2. 사람이 맺고 끊는 것이 확실하 지 않아 싱겁고 실속이 없는 모양.

'해롱해롱'은 어감상 어느 정도 귀여운 느낌을 주는 반 면 '헤롱헤롱'은 정신없는 모습을 연상시킨다. '해롱해롱'보 다 상태가 심한 상황에 어울리는 말이라고나 할까? 언젠가 는 '해롱해롱'과 함께 '헤롱헤롱'도 표준어로 인정받는 날이 올지도 모른다.

<u>곤드레만드레</u> 술이나 잠에 몹시 취하여 정신을 차리지 못하 고 몸을 못 가누는 모양.

술에 취한 모습 중에서도 가장 심한 상태를 보일 때 쓰는 말이다. '곤드레'가 홀로 쓰일 때도 있지만 '곤드레만드레'라 고 하는 게 일반적인 용법이다. '곤드레'가 중심 어휘이고, '만 드레'는 별 뜻 없이 운율을 맞추기 위해 끌어들인 말이다. '곤

드레'는 다음 낱말에서 나왔다.

곤드라지다 1. 몹시 피곤하거나 술에 취하여 정신없이 쓰러
져 자다. 2. 곤두박질하여 쓰러지다.

이 말은 '몸이 뒤집혀 갑자기 거꾸로 내리박히는 일'을 뜻
하는 '곤두'에서 왔다. 그렇게 따지면 '곤드레'와 '곤두박질'은
같은 뿌리에서 나온 말임을 알 수 있다. '곤드라지다'의 큰말
은 '군드러지다'이다.

참고

술이 얼근하게 취한 상태를 뜻하는 말로 '거나하다'가 있는데,
이와 비슷한 말이 하나 더 있다.

건드레하다: 술 따위에 거나하게 취하여 정신이 흐릿하다.

'건드레'는 '곤드레'와 이리저리 흔들리는 모양을 나타내는
'건들건들'의 영향을 함께 받은 말로 보인다.

건드렁타령 : 술에 취하여 건들거리는 몸짓.

이 말 역시 '건들건들'에서 왔을 텐데, 국어사전에서는 '건드렁거리다'와 '건드렁건드렁' 대신 '근드렁거리다'와 '근드렁근드렁'을 표준어로 채택하고 있다.

근드렁근드렁 : 큰 물체가 매달려 조금 거볍고 느리게 자꾸 큰 진폭으로 흔들리는 모양.

이 낱말을 쓰는 사람이 얼마나 될까? 일상에서는 '건드렁건드렁'이 훨씬 많이 쓰이고 있음에 비해 국어사전은 이런 현실을 제대로 따라가지 못하고 있다.
한편 《고려대한국어대사전》에 재미있는 말 하나가 실려 있다.

홍야홍야: 즐거움에 들뜨거나 술이나 분위기에 취해서 나른한 모양을 나타내는 말.

이와 함께 〈우리말샘〉에서 두 개의 낱말을 더 찾아볼 수 있다.

해닥사그리하다: 술이 얼근하게 취하여 거나하다.
꽐라: 술에 잔뜩 취한 상태 또는 그런 사람을 속되게 이르는 말.

헐레벌떡과

씨근벌떡

'헐레벌떡' 대신 '헐레벌레'를 쓰는 이들이 더러 있다. 그런가 하면 '헐레헐레'를 쓰는 사람도 있으나 둘 다 표준어가 아니다. 대하소설《토지》의 작가 박경리가 1960년대에 쓴 소설들을 보면 '헐레벌레'라는 말이 자주 등장한다. 동화작가 권정생의 1973년 〈조선일보〉 신춘문예 당선작 〈무명 저고리와 엄마〉에도 다음과 같은 구절이 나온다.

▶ 사람들은 짐을 꾸려 헐레벌레 달아나고 있었습니다.

박경리와 권정생 두 분 모두 경상도가 고향이다. 그렇다면 '헐레벌레'가 경상도 지역에서 주로 쓰이다가 점차 다른 지역까지 퍼져 간 게 아닌가 하는 짐작도 해볼 수 있다.

'헐레헐레'와 '헐레벌떡'은 의성의태어에서 흔히 볼 수 있는 첩어와 준첩어의 형태를 띠고 있다. 하지만 어찌 된 까닭인지는 몰라도 두 낱말은 '헐레'와 '벌떡'이 합쳐진 말에 밀려나고 말았다. '벌떡'이라는 말이 주는 느낌이 강해서 그러지 않았을까 싶긴 하지만 말의 운명은 누구도 모른다는 사실을 곱씹을 도리밖에 없다.

> 헐레벌떡 숨을 가쁘고 거칠게 몰아쉬는 모양.

'벌떡'은 '심장이 벌떡벌떡 뛴다'고 할 때의 '벌떡벌떡'에서 가져온 게 분명하다. 그렇다면 '헐레'는 어디에서 가져왔을까? 이리저리 비슷한 말을 찾아보려 해도 눈에 띄지 않는다. 그나마 가장 가깝다고 여겨지는 건 아래 낱말이다.

> 헐헐 숨이 몹시 차서 숨을 고르지 아니하게 쉬는 모양.
> 할할 숨이 차서 숨을 고르지 아니하게 쉬는 모양.

보통은 '헉헉'을 많이 쓰고 더러 '헥헥'과 '학학'이라는 표현도 쓴다. '헉헉'은 대부분의 국어사전에 실려 있지만 '헥헥'은 〈우리말샘〉에만 올라 있고, '학학'은 어디에도 오르지 못했다. 요즘은 숨이 찬 상태를 뜻하는 '헐헐'과 '할할'을 쓰는 경우가 거의 없다. '헐헐' 같은 말은 오히려 어이없다는 듯이 웃을 때 쓰는 말로 활용된다. 그럼에도 두 낱말이 앞과 같은 뜻을 달고 표제어에 오른 건 '헥헥'이나 '학학'보다 먼저 나타나서 쓰였기 때문일 것이다. 국어사전 편찬자들은 예전에 사용된 적이 있던 낱말은 빈도수가 적어도 웬만하면 표제어로 다루면서 새로 생긴 말에는 인색한 면이 있다.

'헐레벌떡'을 거푸 사용한 '헐레벌떡헐레벌떡'도 표제어에 있다. 그렇다면 이런 말을 줄이면 어떻게 될까?

헐떡헐떡 1. 숨을 자꾸 가쁘고 거칠게 쉬는 소리. 또는 그 모양. 2. 신 따위가 헐거워서 계속 벗겨지는 모양.

작은말인 '할딱할딱'도 있으며, '헐레벌떡'을 줄인 '헐떡'은 홀로 쓰이지 않고 '헐떡대다'와 '헐떡거리다'처럼 동사 형태로 쓰인다.

어근에 해당한다고 할 수 있는 '헐'이 앞에 붙은 말들이 있다.

헐근헐근 숨이 가빠 헐떡이며 자꾸 그르렁거리는 모양.
헐금씨금 몹시 숨이 차거나 하여 숨소리가 매우 가쁘고 거칠게 자꾸 나는 모양.

헐씨근헐씨근 화가 나거나 숨이 차거나 하여 숨소리가 가쁘고 거칠게 자꾸 나는 모양.

말을 참 다채롭게 만들어 사용해왔음을 알 수 있게 하는 낱말들이다. '헐근헐근'의 작은말인 '할근할근'도 있으나, '헐금헐금', '씨금씨금' 같은 말은 없다. '씨금'은 '씨근'이 변형된 것인 듯한데, '씨근'은 아래 낱말에서 파생되었을 것이다.

씩씩 숨을 매우 가쁘고 거칠게 쉬는 소리. '식식'보다 센 느낌을 준다.

'식식'보다 더 여린 말이 있다.

색색 1. 숨을 고르고 가늘게 쉬는 소리. 2. 숨을 조금 빠르고 고르지 아니하게 쉬는 소리.

'색색'의 센말은 '쌕쌕'이다. '색색'과 '쌕쌕'에서 '새근새근'과 '쌔근쌔근'이 갈라져 나왔고, 이 말들은 보통 어린아이들이 가늘게 숨을 쉬며 잠든 모습을 나타낼 때 많이 쓴다.

우리말의 특징 중 하나가 다양한 첩어를 만들어 쓴다는 걸 생각하면 아래와 같은 낱말이 나오는 건 너무나 자연스럽다.

씨근씨근 1. 고르지 아니하고 거칠고 가쁘게 자꾸 숨 쉬는 소리. 또는 그 모양. '시근시근'보다 센 느낌을 준다.
2. 어린아이가 곤히 잠들어 매우 조용하게 자꾸 숨 쉬는 소리. 또는 그 모양.

여기서 그칠 리가 없으니 새로운 변이형들이 나타나 눈길을 잡아끈다.

씨근벌떡 몹시 숨이 차서 숨소리가 고르지 아니하고 거칠면서 가쁘고 급하게 나는 모양. '시근벌떡'보다 센 느낌을 준다.

쌔근팔딱 숨이 차서 숨소리가 고르지 아니하고 가쁘고 급하게 나는 모양. '새근발딱'보다 세고 거센 느낌을 준다.

'헐레벌떡'의 작은말은 '할래발딱'이다. 이처럼 '벌떡'이 '발딱'을 불러오더니 '팔딱'까지 치달았다. 그렇다면 '펄떡'은 없을까?

씨근펄떡 몹시 숨이 차서 숨소리가 고르지 아니하고 거칠면서 가쁘고 급하게 나는 모양. '시근벌떡'보다 세고 거센 느낌을 준다.

지금까지 살펴본 낱말들이 지닌 뜻처럼 숨 가쁘게 달려왔다. 끝으로 지금 나온 말들을 겹쳐 쓴 '새근발딱새근발딱', '시근벌떡시근벌떡', '쌔근발딱쌔근발딱', '쌔근팔딱쌔근팔딱', '씨근펄떡씨근펄떡'도 표제어로 올라 있다는 사실을 덧붙인다.

덤벙덤벙과

엄벙덤벙

어떤 일을 하든 차분하고 진지하게 하지 못하고 덤벙거리는 사람들이 있다. 그런 인물 하나가 국어사전에 나온다.

염충강(廉忠強) 옛날부터 구전(口傳)하는 바보 이름.

염충강이 언제 적 사람인지 알 수 있는 자료는 찾지 못했다. 다만 다음과 같은 속담이 오래전부터 전해온다.

염충강이 무장 먹듯
모든 일에서 두서를 모르고 아무 데나 덤벙덤벙하는 모양을 비유적으로 이르는 말. 옛적에 쓴맛과 짠맛을 분간하지 못하는 염충강이란 사람이 무장을 마구 퍼먹고도 그 맛을 몰랐다는 이야기에서 나온 말이다.

풀이에 나오는 '무장'은 메주를 소금물에 담가 우려낸 장을 말한다. 염충강이 하는 행동을 묘사하면서 '덤벙덤벙'이라는 표현을 썼다. '덤벙덤벙'은 '크고 무거운 물건이 잇따라 물에 떨어져 잠기는 소리'를 뜻할 때도 있지만 다음과 같은 뜻으로 더 많이 사용된다.

<u>덤벙덤벙</u> 들뜬 행동으로 아무 일에나 자꾸 함부로 서둘러 뛰어드는 모양.

'덤벙'은 본래 물에 떨어지는 소리를 나타내는 의성어로 출발했으나, 물에 빠지는 것처럼 대책 없는 상황을 나타내는 뜻으로 확대되었다고 볼 수 있다. 아무런 준비나 뒷갈망 없이 물로 뛰어드는 건 위험하다. 하지만 애초에 그런 걸 생각조차 하지 못하는 사람들도 있기 마련이다.

들뜬 행동을 나타내는 '덤벙덤벙'의 작은말은 '담방담방'이고, 큰말은 없다. 그런 반면 물건이 물에 떨어져 잠긴다는 뜻으로 쓰는 '덤벙덤벙'은 '덤버덩덤버덩'이라고도 하며, 큰말은 '텀벙텀벙'이다.

'덤벙덤벙'과 비슷한 의미로 통용되는 말에 무엇이 있느냐고 물으면 '덜렁덜렁'이라고 답하는 이가 많을 듯하다. 이와 함께 '엄벙덤벙'을 떠올리는 이도 있을 텐데, 국어사전에는 이렇게 나와 있다.

<u>엄벙덤벙</u> 1. 주관 없이 되는대로 행동하는 모양. 2. 들떠서 함부로 행동하는 모양.

이와 함께 독특한 낱말 하나가 국어사전에 더 나온다.

<u>다빡다빡</u> 앞뒤를 헤아리지 아니하고 잇따라 가볍게 불쑥 행동하는 모양.

《표준국어대사전》은 "아녀자가 어찌 그리 행동이 다빡다빡 경솔하단 말이냐?"라는 문장을 예문으로 제시했다. '아녀자'라는 말은 비하의 의미로 다가오므로 가능하면 쓰지 말아야 할 표현이다. 그 밖에 다른 글들에서 이 말이 쓰인 용례를 찾기는 어렵다. 쓰는 이가 거의 없다는 얘기다. 큰말로 '더뻑더뻑'도 표제어에 올라 있지만 역시 마찬가지로 쓰임새가 거의 없는 낱말이다. '다빡' 혹은 '더뻑'이 어디서 왔는지도 확실치 않다.

<dl>
<dt>담빡</dt>
<dd>깊은 생각이 없이 가볍게 행동하는 모양.</dd>
<dt>덤뻑</dt>
<dd>1. 깊은 생각이 없이 무턱대고 행동하는 모양. 2. 서슴지 않고 단숨에 하는 모양.</dd>
</dl>

'다빡'이나 '더뻑'과 같은 계열의 말이다. '담빡'이 쓰인 용례는 찾기 힘들지만 '덤뻑'이 쓰인 문장은 더러 발견할 수 있다. 첫 번째 풀이보다는 두 번째 풀이의 뜻으로 많이 사용되었는데, '덥석'과 통하는 지점이 있다. '다빡다빡'과 달리 '담빡담빡'이나 '덤뻑덤뻑'이라는 말은 표제어에 없으며, '다빡'과 마찬가지로 어디서 온 말인지 근원을 찾기 힘들다.

쓰임새가 없는 '다빡' 대신 많이 쓰는 말인 '덤벙'으로 돌아와서 재미있는 말 하나를 소개한다.

<dl>
<dt>술덤벙물덤벙</dt>
<dd>술과 물을 가리지 않고 덤벙댄다는 뜻으로, 경거망동하여 함부로 날뛰는 모양을 이르는 말.</dd>
</dl>

'물불을 가리지 않는다'는 말을 많이 쓴다. 위험 여부를 가리지 않고 행동할 때 주로 쓰는 표현이다. 그에 반해 '술덤벙물덤벙'은 주책없는 행동을 가리키기에 적합한 말이다. 가려야 할 걸 가릴 줄 아는 게 현명한 처사임은 두말할 나위 없다. 하지만 그렇지 못한 이들도 있어 이런 말이 생겼을 것이다. 생

각 없이 아무 데나 함부로 '덤벙' 뛰어들지 말아야 할 일이다.

한자로 된 낱말 중에도 이와 비슷한 것이 있다. 1980년대에 큰 인기를 끌었던 그룹사운드 송골매의 노래 중에 〈하늘나라 우리 님〉이라는 곡이 있는데, 가사에 이런 구절이 나온다.

신 벗어 손에 쥐고 버선 벗어 품에 품고
곰비임비 임비곰비 천방지방 지방천방.

지은이가 알려지지 않은 사설시조에 나오는 구절을 끌어들여 가사로 삼았다. '곰비임비'는 물건이 거듭 쌓이거나 일이 계속 일어남을 나타내는 말이다. 그리고 '천방지방'은 한자로 된 말이다.

천방지방(天方地方) 너무 급하여 허둥지둥 함부로 날뛰는 모양.

풀이를 잘 보면 앞에서 소개한 '엄벙덤벙'과 거의 같다. 어디가 하늘이고 어디가 땅인지도 모르면서 날뛴다는 뜻으로 만든 말이며, '천방지축(天方地軸)'과 뜻이 통한다. 시조에 나오는 '임비곰비'와 '지방천방'은 운율을 맞추기 위해 앞뒤 순서를 바꿔서 배치한 형태로 만들었으며, 국어사전에는 없는 말이다. 대신 다음과 같은 낱말 하나가 더 표제어로 올라 있다.

허방지방 정신을 차릴 수 없을 만큼 갈팡질팡하며 다급하게
서두르는 모양.

우줅우줅과

우줄우줄

국어사전을 찾다 보면 특이한 형태를 지닌 낱말을 만나 고개를 갸웃거릴 때가 종종 있다. 그러면서 저런 말을 실생활에서 쓰는 사람이 있는지, 지금은 거의 쓰지 않는 말이지만 예전에는 사용한 예가 있는지, 누가 쓴 글에 나왔는지 찾아보곤 한다. 아래 낱말도 그런 호기심을 불러일으켰다.

<u>우줅우줅</u> 자꾸 어기적거리며 걷는 모양.

국어사전에 '긁적긁적'에는 '극쩍끅쩍'으로, '섧다'에는 '설따'로 발음하라는 지시가 있지만 '우줅우줅'에는 그런 설명이 없다. 그러다 보니 '우줄우줄'로 읽어야 할지 '우죽우죽'으로

읽어야 할지 판단하기 어렵다.

풀이를 보면 '어기적어기적'과 통하는데, 이런 말이 있다는 걸 아는 사람이 얼마나 될까? 국어사전에 용례도 나와 있지 않은 걸 볼 때 실제 쓰이긴 했는지도 의심스럽다.

'우줅우줅'을 보고 있으면 자연스럽게 떠오르는 낱말이 있다.

> <u>우줄우줄</u> 몸이 큰 사람이나 짐승이 가볍게 율동적으로 자꾸 움직이는 모양.

형태는 비슷하지만 뜻은 정반대다. '우줄우줄'의 작은말은 '오졸오졸', 센말은 '우쭐우쭐'이다. 그리고 '우쭐우쭐'의 작은말은 '오쫄오쫄'이다. 하지만 '우줅우줅'에는 그와 같은 계열의 다른 낱말이 없다.

다른 낱말 하나를 더 보고 다음으로 넘어가자.

> <u>우즑우즑ᄒ다</u> [옛말] '우줄우줄하다'의 옛말.

《표준국어대사전》에 있던 옛말이 모두 〈우리말샘〉으로 옮겨졌기 때문에 지금은 〈우리말샘〉에서만 찾아볼 수 있는 낱말이다. 옛시조 몇 군데에 등장하는데, '우즑우즑'이 단독으로 쓰인 건 없고 모두 '우줅우줅ᄒ다'의 형태로 쓰였다.

꽃은 울긋불긋 잎은 푸릇푸릇
이내 마음은 우줅우줅하는고야.
춘풍은 불고도 나빠 건듯건듯하노라.

지은이가 알려지지 않은 작품으로, 의성의태어를 적절히
활용해서 말맛을 잘 살린 시조다. 중장에 나오는 "우줅우줅
하는고야"를 문맥을 고려해서 쉽게 풀면 '자꾸 들썩거리는
구나' 정도가 될 테니 '우줄우줄'의 풀이와 맥이 닿는다. 문제
는 옛시조에 나오는 '우줅우줅'과 국어사전에 나오는 '우줄우
줄'이 과연 같은 낱말이냐 다른 낱말이냐일 텐데, '우줅우줅'
이 쓰인 용례를 찾을 수 없으니 비교해볼 도리가 없다. 내 판
단으로는 '우줅우줅'이 쓰인 문헌 자료를 찾아서 제시하지 못
한다면 국어사전에서 삭제하는 게 마땅하다.
  표기가 비슷한 말이 하나 더 있다.

우중우중 몸을 일으켜 서거나 걷는 모양.

《표준국어대사전》에서는 이 낱말 아래 다음과 같은 예문
을 제시하고 있다.

▸ 여러 사람이 우중우중 부엌으로 들어서며 불로 덤비는 것을
  보고….

출처는 염상섭의 소설 〈두 출발〉이라고 되어 있다. 지금
은 쓰는 사람이 별로 없는 낱말이지만 예전에는 분명히 쓰였
음을 알 수 있다. 그런가 하면 '두런두런하다'라는 표제어의
예문에도 '우중우중'이 등장한다.

▸ 밖에서는 길 가던 사람이 우중우중 모여 서서 두런두런하는
  모양이나 아무도 문을 열고 들어오지 못했다.

이 예문은 염상섭이 쓴 소설 《삼대》에 나오는 구절이다.
작가마다 자신이 좋아하거나 자주 쓰는 낱말이 있기 마련이
다. 염상섭이 '우중우중'이라는 낱말에 애착을 가지고 있었
거나, 아니면 직접 만들어 썼는지도 모른다. 의성의태어는 누
구든 새롭게 만들어 쓸 수 있고, 그렇게 세상에 나온 말이 얼
마든지 다수의 동의를 얻어 통용될 수도 있기 때문이다.

여럿이 함께
웃는 소리를

나타내는
말들

의성의태어 중에 가장 많은 게 뭘까? 웃음을 나타내는 낱말로, 수백 개가 넘어서 일일이 따지기도 어려울 정도다.

'방글' 곁에 '벙글', '뱅글', '빙글'이 있고, 이들 곁에 다시 '빵글', '뻥글', '빵글', '삥글'이 있는가 하면 첩어인 '방글방글', '벙글벙글', '뱅글뱅글', '빙글빙글'이 있고, 거기에 다시 '빵글빵글', '뻥글뻥글', '빵글빵글', '삥글삥글'이 슬며시 웃고 있다. 그뿐인가. '방그레', '벙그레', '뱅그레', '빙그레' 곁에 '빵그레', '뻥그레', '빵그레', '삥그레'까지 니도 끼워달라며 조른다. '방실'과 '벙실', '방싯'과 '벙싯' 계열의 낱말도 빼먹으면 안 될 일이다.

'생글'과 '싱글'로 이어지는 말들도 같은 형태의 친구들을 거느리고 있고, '생긋'과 '싱긋' 계열 역시 마찬가지다. 거기에

64

'헤'가 '헤헤'를 부르고 '히'가 '히히'를 불러들이는가 하면 '하하'와 '호호'가 곁눈질을 하고, '히죽'과 '해죽' 계열의 낱말들 곁에서 '키득키득' 웃거나 그만 잘난 체하라며 '피' 혹은 '피식' 하며 비웃음을 날리는 친구도 있다.

이 모든 낱말을 소개하고 다루는 건 지면 낭비일 수밖에 없다. 그래서 여럿이 함께 웃는 모양이나 소리를 나타내는 낱말들만 알아보기로 한다. 우선 친근하게 다가오는 낱말부터 살펴보자.

> <u>까르르</u> 1. 주로 여자나 아이들이 한꺼번에 자지러지게 웃는 소리. 또는 그 모양. 2. 아기가 갑자기 자지러지게 우는 소리. 또는 그 모양.

첩어인 '까르르까르르'와 변이형인 '까르륵', '까르륵까르륵'도 있으며, 풀이는 똑같다. 눈여겨볼 건 정반대의 뜻을 동시에 담고 있다는 점이다. 웃는 소리와 우는 소리를 같은 말로 표현한다는 게 특이하게 다가올 텐데, 같은 말이라도 어떤 어조를 사용하느냐에 따라 의미가 달라질 수 있다. 흔치는 않지만 그런 예가 더러 있다.

> <u>으흐흐</u> 1. 짐짓 내숭스럽게 웃는 소리. 또는 그 모양. 2. 슬퍼

서 흐느껴 우는 소리. 또는 그 모양.

상황에 따라 어조를 바꾸어 적절하게 쓰면 되는데, 말의
특성이란 게 참 묘하다는 걸 알 수 있게 하는 낱말들이다.

와그르르 여러 사람이 한꺼번에 떠들썩하게 웃는 소리. 또
는 그 모양.

이 낱말은 쌓여 있던 물건이 갑자기 무너지는 소리로 주
로 쓰이며, 웃음소리를 뜻하는 말로도 사용되는 등 뜻이 다
양하다. 큰말은 '워그르르'인데 이 말에는 웃음소리를 뜻하
는 풀이가 없다.

'-르르'가 뒤에 붙은 말은 대체로 낱개가 아니라 여러 개
혹은 여러 사람이 한꺼번에 일으키는 행동을 나타낼 때 쓰인
다. '와르르'나 '우르르' 같은 낱말을 떠올리면 된다.

왁자그르르 1. 여럿이 한데 모여 시끄럽게 웃고 떠드는 소리.
또는 그 모양. 2. 소문이 갑자기 널리 퍼져 떠들썩
하거나 시끄러운 모양.(큰말: 웍저그르르)

비슷한 말로 '왁작', '왁작왁작', '왁작박작', '왁자글', '왁자글

왁자글', '왁자지껄' 등이 있다. 그런데 이상한 건 '왁자글'과 '왁자글왁자글'에는 떠든다는 뜻만 있을 뿐 웃는다는 뜻이 없다. '왁자지껄'에도 웃는다는 뜻이 없긴 하지만 '지껄이다'에서 온 '지껄'이 뒤에 붙어서 떠든다는 뜻으로만 사용되는 게 이해가 간다. 그런데 '왁자글'과 '왁자그르르'는 분명 같은 뿌리에서 나온 말일 텐데 왜 '왁자그르르'에만 웃는다는 뜻이 덧붙었는 가 하는 점이다. 뒤에 붙은 '그르르'가 웃음소리를 연상시키는 어감이 있어서 그랬을 것으로 짐작된다.

'왁자그르르'와 비슷한 말이 있다.

짝자그르 1. 소문이 널리 퍼져 떠들썩한 모양. 2. 여럿이 모여 되바라지고 떠들썩하게 웃거나 떠들거나 하는 소리. 또는 그 모양.

'왁자그르'를 국어사전에서 찾으면 '왁자그르르'의 비표 준어라고 나온다. 반면 '짝자그르르'는 북한어이고 '짝자그르'가 남한의 표준어라고 되어 있다. '왁자그르'를 인정하지 않으면서 '짝자그르'는 인정하고, 반대로 '왁자그르르'를 인정하면서 '짝자그르르'를 내치는 모순을 어떻게 받아들여야 할까? 필시 사용 빈도수를 따져서 그랬을 텐데, 그런 기준이 너무 편협할 수 있다는 걸 생각해보면 좋겠다. 옛날 신문 기사 등의 자료를 찾아본 바에 따르면 '왁자그르'와 '짝자그르'가 사용된 용례가 꽤 있기 때문이다.

형태가 비슷한 낱말이 있는데, 마저 살펴보자.

딱따그르 1. 여러 사람이 한꺼번에 자지러지게 웃는 소리. 2. 작고 단단한 물건이 잇따라 다른 단단한 물체에 부딪치며 굴러가는 소리. 또는 그 모양. '닥다그르'보다 센 느낌을 준다. 3. 천둥이 가까운 데서 갑자기 울리는 소리. '닥다그르'보다 센 느낌을 준다.

'딱다그르'라고 표기하는 경우가 있으나 비표준어이며, 작은말인 '닥다그르'와 큰말인 '떡떠그르'에는 웃음소리를 나타낸다는 풀이가 없다.

재그르 여러 사람이 한꺼번에 자지러지게 웃는 모양.

'재그르'가 있으면 '자그르'나 '째그르' 같은 말도 있을 법하지만 그런 말은 국어사전 안에 없다. '짜그르'가 북한어로 분류되어 있지만 해방 후에 나온 남한 쪽 출판물에도 몇몇 용례가 보인다.

우는 소리와
모양을

나타내는
말들

웃는 모양과 소리에 비해 우는 모양과 소리를 나타내는 말은 수효가 적다. 일상생활 속에서 웃음은 쉽게 접할 수 있지만 울음은 특별한 계기가 주어질 때만 나오기 때문이다.

인간이 제일 먼저 울음을 터뜨리는 건 갓 태어났을 때다. 보통 '응애' 하는 소리를 내며 세상에 나왔다는 신고를 한다. 그러다가 차츰 '응아', '으앙', '으아' 하는 식의 갓난아기 울음소리를 거쳐 '앙앙', '엉엉' 하는 식으로 소리 내어 운다. 그 밖에 '응응', '잉잉' 하며 떼를 쓰거나 밉살스러운 울음소리를 낸다고 국어사전이 알려준다.

그중에서도 가장 크게 우는 울음은 다음과 같다.

<u>왕</u> 귀가 멍멍하게 울릴 정도로 크고 시끄럽게 떠들거나 우
는 소리.

'왕'을 겹쳐 쓴 '왕왕'도 표제어에 있는데,《표준국어대사
전》은 '왕'과 풀이가 같으나《고려대한국어대사전》은 시끄럽
게 떠드는 소리로만 풀이했을 뿐 우는 소리라는 풀이는 생략
했다. 실제로 '왕왕'을 우는 소리로 사용하는 예는 거의 없다.
　아이들은 때로 이런 울음소리를 낸다고도 한다.

<u>양양</u> 어린아이가 우는 소리를 내며 자꾸 보채는 모양.

　자꾸 보채도 원하는 걸 얻지 못하면 어떻게 울까? 계속 울
거나 이전보다 더 큰 소리로 우는 수밖에 없다.

<u>깨깨</u> 어린아이가 듣기 싫게 자꾸 우는 소리.
<u>빼빼</u> 어린아이가 듣기 싫게 자꾸 우는 소리.
<u>빽빽</u> 새, 사람 또는 기적 따위가 갑자기 자꾸 날카롭게 지르
　　　거나 내는 소리.
<u>꺽꺽</u> 숨이 막힐 정도로 우는 소리. 또는 그 모양.

　'빼빼'라는 표현보다는 '빽빽'을 쓸 때가 많다.《표준국어

대사전》은 '빽빽'의 예문으로 "아기가 빽빽 울어대다"를 제시했다.

우는 소리로 가장 많이 사용되는 말 중의 하나가 '흑흑'이다. 이렇게 우는 걸 흐느낀다고 하는데, 흐느끼는 울음소리를 나타내는 말로 다음과 같은 것들도 있다.

흐득흐득 숨이 막힐 듯이 자꾸 흐느끼며 심하게 우는 소리를 나타내는 말. 또는 그 모양을 나타내는 말.

흐늑흐늑 계속 흐느끼는 모양.

《고려대한국어대사전》에는 아래 낱말이 추가되어 있다.

흐렁흐렁 몸을 흔드는 듯이 움직이며 크게 흐느껴 우는 모양을 나타내는 말.

눈물 없이 우는 울음, 또는 억지로 우는 울음을 '강울음' 혹은 '건울음(乾--)'이라고 한다. 정말 우는 것이 아니라 겉으로만 우는 걸 나타내는 '건성울음'이라는 말도 있다. 하지만 대부분 울게 되면 눈물이 '질질' 흐르기 마련이다. '질질'보다 적게 흘리면 '잴잴'이 되고, 센말로 표현하면 '찔찔'과 '쨀쨀'이 된다. 눈물을 '질질' 흘리다 보면 콧물도 따라 나오는 경우가 많다. 그러면 눈물은 훔치고 콧물은 들이마시며 울게 된다. 그렇게 우는 모양을 나타내는 말이 '훌쩍훌쩍'이고, 작은 말은 '홀짝홀짝'이다. 비슷한 말로 '꿀쩍꿀쩍'과 '꼴짝꼴짝'이 있으며, 이 말들은 눈물을 짜내듯이 계속 흘리는 모양을 나타낸다.

크게 소리 내어 울 일이 생기기도 하는데, 그런 모양을 나타내는 말들이 있다.

애고대고 소리를 마구 지르며 우는 모양.(큰말: 에구데구)
애고지고 소리 내어 몹시 슬프게 우는 모양.
울고불고 소리 내어 야단스럽게 부르짖으며 우는 모양.(동의어: 울며불며)
우네부네 소리 내어 야단스럽게 부르짖으며 우는 모양.

'울고불고' 계열의 낱말에서 뒤에 붙은 '불고'는 '부르짖다'에서 왔다. 이런 말들은 주로 누군가와 이별하는 상황을 맞이했을 때 소리 내어 우는 모양을 나타내는데, 그럴 때면 떠나보내는 사람 이름을 크게 부르며 울기도 한다. 부르짖는다는 의미를 띤 말을 뒤에 붙여 만든 까닭이 거기에 있다.

'애고대고'가 있으면 '애고애고'는 어떨까? 상을 당했을 때 우는 소리인 '애고애고', '아이고아이고', '어이어이'는 모두 부사가 아니라 감탄사로 분류되어 있다. '아이고아이고'는 반가울 때 내는 소리로도 쓰인다.

본격적으로 눈물을 흘리기 전에 눈물이 먼저 눈가에 맺히게 되는데, 그럴 때 '글썽'이라는 표현을 주로 쓴다. '글썽'과 '글썽글썽'은 흔한 표현이지만 그보다 작은 말인 '갈쌍'과 '갈쌍갈쌍'이 있다는 건 모르는 사람이 많다.

'글썽'과 함께 많이 쓰는 말이 '핑'과 '핑글'이다. '핑'보다 작은 말은 '팽'이다. '핑글'을 늘여서 쓰는 말로 '핑그르'가 맞을까, '핑그르르'가 맞을까?《표준국어대사전》은 '핑그르르'만 인정하지만《고려대한국어대사전》은 둘 다 인정하고 있다. 앞에서 웃음을 나타내는 말인 '짝자그르'와 '짝자그르르'의 관계를 설명한 바 있는데, 배제와 선택의 문제로 접근하지 말고 포용의 자세로 접근하면 좋겠다.

그 밖에도 다음과 같은 낱말이 있다.

어룽어룽 눈물이 그득하여 넘칠 듯한 모양.
징 눈물이 어리는 모양.

'징'은 '핑'과 통하는 말이긴 하지만 일상에서는 많이 쓰이지 않는다.《표준국어대사전》에서는 "눈물이 징 솟아오르다"라는 예문을 달아두었다.

기는
모양을

나타내는
말들

기는 모양을 나타낼 때 가장 많이 사용하는 말이 '엉금엉금' 이다

엉금엉금 큰 동작으로 느리게 걷거나 기는 모양.

큰 동작으로 기는 것이라고 했으므로 작은 동작으로 기는 모양을 나타내는 의태어도 있기 마련이다. '앙금앙금'이라고 하면 되는데, 이보다 거센 느낌을 주는 '앙큼앙큼'도 표제어에 있다. '엉금엉금'의 큰말은 '엉큼엉큼'이다.

앙금쌀쌀 처음에는 굼뜨게 기다가 차차 빠르게 기는 모양.

<u>엉금썰썰</u> 처음에는 굼뜨게 기다가 차차 재빠르게 기는 모양.

'쌀쌀'이나 '썰썰'도 표제어에 있고, 가볍게 긴다는 뜻을 지닌다. 하지만 어감상 기는 느낌과는 거리가 있어 기는 모양을 나타낼 때 이런 말을 쓰는 사람은 거의 없다. 대신 이보다 작은 말인 '살살'이나 '설설'을 주로 쓴다. '쌀쌀'과 '썰썰'에는 빠르게 긴다는 뜻이 없는데 '앙금'과 '엉금'을 만나 차차 빠르게 긴다는 뜻으로 번졌다. ㅆ 발음이 강해서 그런 의미를 끌어당긴 것으로 보인다.

<u>살살</u> 작은 벌레 따위가 가볍게 기어가는 모양.

작은 벌레 따위라고 했지만 대상을 그렇게 한정해서 사용하지는 않는다. 오히려 덩치에 상관없이 조심스럽게 기는 모양을 나타낼 때 주로 쓰는 낱말이다.

<u>앙기작앙기작</u> 되똥거리며 나릿나릿 걷거나 기는 모양.
<u>엉기적엉기적</u> 뒤뚱거리며 느릿느릿 걷거나 기는 모양.

'어기적어기적'이 걷는 모양만을 나타낸다면 위 두 낱말은 걸을 때만이 아니라 기는 모양을 나타낼 때도 사용한다.

발발 몸을 바닥 가까이 대고 작은 동작으로 기는 모양.
벌벌 몸을 바닥 가까이 대고 조금 큰 동작으로 기는 모양.

'발발'과 '벌벌'은 기는 모양을 나타내는 기본적인 뜻 외에 자신을 낮추어 비굴하게 행동하는 모양을 비유하는 말로 쓰기도 한다. 그건 '살살'과 '설설'도 마찬가지다.

지금까지 소개한 말들이 대체로 일상생활에서 자주 쓰는 것들이었다면 드물게 쓰는 낯선 말도 있다.

기엄기엄 자꾸 기어가거나 기는 듯이 움직이는 모양.
기엄둥실 물 위를 기는 듯이 헤엄치거나 떠 있는 모양.

'기엄'은 '기다'라는 동사에서 비롯했으며, '기엄기엄'은 '쉬엄쉬엄'이나 '띄엄띄엄'과 같은 방식의 조어법을 사용해서 만든 말이다. '기엄'이 '둥실'을 끌어들여 만든 '기엄둥실'이라는 말이 정겨운 느낌으로 다가온다.

국어사전에는 다음과 같은 예문들이 실려 있다.

▶ 아기는 제힘으로 기엄기엄 기어서 마루로 나왔다.
▶ 시냇물에서 개구리가 기엄둥실 헤엄치고 있다.
▶ 뒷동산에는 커다란 달이 기엄둥실 떠 있었다.

먹는
모양을

나타내는
말들

먹는 모양도 가지각색이다. '야금야금' 먹는 건 조금 얄밉게 보이고, '깨작깨작' 먹는 건 얼굴을 찌푸리게 한다. 얌전히 먹으면 좋으련만 '우걱우걱' 입 안으로 밀어 넣거나 '우적우적' 씹어 먹는 걸 즐기는 이들도 있다.

'야금야금' 대신 '야곰야곰'을 쓰는 이들이 더러 있지만 이 말은 표준어가 아니다. 대신 다른 말들은 표준어로 인정받은 형제를 여럿 거느리고 있다. '깨작깨작'은 '께적께적', '끼적끼적', '깨질깨질', '께질께질'을 거쳐 '깨지락깨지락', '께지럭께지럭'까지 거느리고, '우적우적'은 '우쩍우쩍', '와작와작', '와짝와짝', '와자작와자작', '으적으적', '아작아작', '어적어적', '아짝아짝', '어쩍어쩍', '으쩍으쩍', '아지작아지작', '으지적으지적'을 곁에 두고 있다.

먹을 것을 탐해서 마구 집어 먹는 모습을 나타낼 때 흔히 게걸스럽게 혹은 걸신들린 듯이 먹는다고 한다. 그럴 때 적합하게 사용할 수 있는 의태어가 있다.

<u>아귀아귀</u>　음식을 욕심껏 입 안에 넣고 마구 씹어 먹는 모양.

불교에서 말하는 귀신 중에 아귀(餓鬼)가 있다. 계율을 어기거나 탐욕을 부려 지옥에 떨어진 귀신인데, 몸이 앙상하게 마르고 배가 엄청나게 큰 데 반해 목구멍은 바늘구멍처럼 작아서 음식을 먹을 수 없다 보니 늘 굶주림으로 괴로워한다는 귀신이다. '아귀아귀'라는 말은 필시 이 아귀라는 귀신 이름에서 왔을 것이다. 음식을 보자마자 허겁지겁 먹는 사람을 일러 흔히 '굶어 죽은 아귀가 붙었나'와 같은 표현을 쓰는 것을 보아도 그렇다.

<u>쩌금쩌금</u>　자꾸 입맛을 쩝쩝 다시며 맛있게 먹는 모양.
<u>지범지범</u>　음식물 따위를 이것저것 체면도 없이 자꾸 집어 거
　　　　　　두거나 먹는 모양.

'쩌금쩌금'은 풀이에 있는 것처럼 입맛을 다시는 소리인

'쩍쩍'에서 온 말이다. 이보다 작은 말로 입맛을 짝짝 다시며 먹는 모양을 가리키는 말은 '짜금짜금'이다. '지범지범'이 '집 다'에서 왔을 거라는 건 쉽게 짐작할 수 있다.

어디서 온 말인지 짐작하기 어려운 것들도 있다.

무뚝무뚝 1. 덩어리로 된 음식을 큼직큼직하게 이로 베어 먹
는 모양. 2. 말을 이따금 조리 있게 여유를 두고 또
박또박하게 하는 모양.

《표준국어대사전》에서는 첫 번째 풀이 아래 다음 문장을 예문으로 올려두었다.

▶ 그는 참외 하나를 옷에 쓱쓱 문지르더니 무뚝무뚝 베어 먹기
시작했다.

혹시 무를 이로 뚝뚝 끊어서 베어 먹는 모습에서 온 말일 까? 그런 상상을 해보다가 '무뚝' 혹은 '무뚝하다'가 따로 있나 싶어 국어사전을 찾았다.

무뚝하다 '굵다'의 방언.(충남)

'무뚝'도 있지만 이 말은 '문득'의 방언이라고 나온다. '문득'과 관련이 있을 리는 없고, '무뚝하다'의 '굵다'라는 뜻과 연결 지점이 있어 보이지만 그렇다고 단정 지을 정도는 아니다.

주전주전 때를 가리지 아니하고 군음식을 점잖지 아니하게 자꾸 먹는 모양.

군음식을 뜻하는 말이 '주전부리'이다. 그렇다면 이 말은 주전부리와 관계가 있음이 분명하다. 주전부리라는 말은 어디서 왔을까? 조선 시대 후기 사람인 조재삼(趙在三, 1808~1866)이 쓴 《송남잡지(松南雜識)》라는 책에 이 말의 유래가 나온다. 술을 마시기 전에 간단히 안주를 먹으면 술이 잘 받고 크게 취하지도 않는데, 이렇게 먹는 것을 '주전훼(酒前喙)'라는 말로 불렀다고 한다. 이때 쓰인 한자 '훼(喙)'는 새의 부리라는 뜻이다. 이렇게 해서 생겨난 말이 차츰 끼니때 말고도 아무 때나 이것저것 집어 먹는 걸 가리키는 말로 변했다는 것이다. 얼마나 신빙성 있는 설인지는 모르겠으나 참고로 알아둘 만하다.

먹는 모양을 나타내는 말 두 개를 더 소개한다.

어기적어기적 음식 따위를 입 안에 가득 넣고 천천히 씹어 먹는 모양.

　걷는 모양을 나타내는 말과는 다른 뜻을 지닌 동음이의 어이며, 작은말은 '아기작아기작'이다. 이 두 말은 '어적어적' 과 '아작아작'에서 갈라져 나왔을 것이다. '으그적으그적', '아 그작아그작'처럼 쓰는 사람들도 있는데, 둘 다 표준어가 아 니다.

　쪽잘쪽잘 음식을 시원스럽게 먹지 아니하고 께지럭대며 조
　　금씩 다랍게 먹는 모양.

　'쪼작쪼작'이라는 말이 있다. 가볍고 느리게 이리저리 자 꾸 걷는 모양을 나타내거나, 부리로 쪼듯이 이리저리 자꾸 헤 치는 모양을 나타낼 때 쓰는 말이다. 두 번째 뜻을 지닌 '쪼작 쪼작'에서 '쪽잘쪽잘'이 갈라져 나온 것으로 보인다.

3.

태도를
나타내는
말들

데면데면과

설면설면

"소 닭 보듯"이라는 속담이 있다. 《표준국어대사전》에는 "닭소 보듯, 소 닭 보듯"이라고 올라 있다. 서로 아무런 관심을 두지 않고 지내는 사이를 이를 때 쓰는 속담이다. 반면 "닭 쫓던 개 지붕 쳐다보듯"이라는 속담도 있다. 개가 닭을 물어서 해치는 일은 종종 일어난다. 그런데 왜 소는 닭을 보고도 본체만체하는 걸까? 소가 초식동물이라서 그렇다는 게 일반적인 견해다. 개는 사냥 본능이 있어서 닭을 향해 달려들곤 하지만 소는 그럴 이유가 없기 때문이라는 얘기다. 실제로 닭이 여물통에 와서 부리로 헤집거나 쪼아 먹어도 소는 눈만 끔벅일 뿐 특별히 제지하려들지 않는다.

이처럼 서로 본체만체 지내거나 쑥스러운 태도로 대하는

모양을 나타내는 말로 자주 쓰는 게 '데면데면'이다.

데면데면 1. 사람을 대하는 태도가 친밀감이 없이 예사로운 모양. 2. 성질이 꼼꼼하지 않아 행동이 신중하거나 조심스럽지 않은 모양.

형태와 뜻이 비슷한 낱말이 또 있다.

설면설면히 사이가 정답지 아니하고 어색하게.

'데면데면'에 비해 쓰는 사람이 극히 드문 말이다. 보통 '설면하다', '설면설면하다'와 같은 형태로 쓰는데, 이 말은 특히 염상섭의 소설에 자주 등장한다.《표준국어대사전》에서 '설면설면하다'를 찾으면 다음과 같은 예문이 나온다.

▸ 봉희는 한참 반갑던 판이라, 남편이 설면설면하게 구는 것이 화가 나서, 당장 낯빛이 흐려지며 말소리가 목에 걸렸다.(염상섭,《순정의 저변》)

서울에서 나고 자란 염상섭은 소설 속에서 서울말을 잘 구사한 소설가로 유명하며, 그렇게 볼 때 '설면설면하다'는 서울 지역 사람들이 주로 썼던 말이 아닌가 싶다. 국어사전에는 '설면설면'을 독립 표제어로 올리지 않았지만 염상섭의 장편소설 《사랑과 죄》에 홀로 쓰인 예가 나온다.

▶ 그러나 오라비와 이렇게 설면설면 마주 앉았는 것이 열적고 편편치 않기도 하였다.

'설면설면'의 '설'은 '낯이 설다'라고 할 때의 '설다'에서 왔을 것이라고 하는 이들이 많다. 또한 '설'은 '설익다'처럼 '충분하지 못하게'의 뜻을 더하는 접두사로 쓰인다. 이렇게 볼때 '설면설면'이라는 말이 생겨난 까닭을 웬만큼 짐작해볼 수 있다.

그렇다면 '데면데면'이라는 말은 어떻게 해서 생겨났을까? '데'가 '설'과 같은 뜻으로 사용하는 접두사라는 걸 아는이는 드물지만 《표준국어대사전》에 이렇게 나온다.

데 '불완전하게' 또는 '불충분하게'의 뜻을 더하는 접두사.

그러면서 '데되다', '데삶다', '데생기다'를 예시로 들었다. 이런 말과 함께 '설익다'와 같은 뜻으로 쓰는 '데익다'도 표제어로 올라 있다.

‘데면데면’에 쓰인 ‘데’가 그런 의미를 지니고 있다면 ‘면’은 얼굴을 뜻하는 한자 ‘면(面)’에서 왔을 거라는 짐작도 충분히 가능하다.

‘설’을 접두사로 거느린 말은 여전히 많이 쓰이지만 ‘데’를 접두사로 거느린 말들은 쓰는 이가 거의 없어 대부분 사어처럼 되어버렸다. 그런데 유독 ‘설면설면’은 잊히고, ‘데면데면’은 살아 있는 걸 보면 언어 현상이라는 게 참 신기할 때가 많다. ‘설면설면’은 비슷한 말인 ‘서먹서먹’에 밀려 뒤로 물러난 게 아닌가 하는 생각도 든다.

이와 함께 비슷한 뜻을 가진 말이 국어사전에 몇 개 더 나온다.

서름히 1. 별로 친하지 않아 어색하게. 2. 사물에 별로 익숙하지 못하여 서투르게.

머슬머슬히 탐탁스럽게 잘 어울리지 못하여 어색하게.

내광쓰광 서로 사이가 좋지 아니하여 만나도 모르는 체하며 냉정하게 대하는 모양.

‘서름히’는 《고려대한국어대사전》에만 있으며, 《표준국어대사전》에는 대신 ‘서름하다’와 ‘서름서름하다’가 올라 있다. ‘서름서름’과 ‘머슬머슬’을 《표준국어대사전》과 《고려대한국어대사전》은 별도 표제어로 삼고 있지 않은 데 반해 한글학회의《우리말 큰사전》은 둘 다 표제어로 삼고 다음과 같은 예문을 실었다.

▸ 처음에는 낯이 설어서 서름서름 지냈으나 이제는 꽤 친해졌다.
▸ 너무 오랜만에 만나고 보니 머슬머슬 무슨 말을 해야 할지 몰라했다.

'서름히'는 '설다'와 관련이 있을 것 같고, '머슬머슬히'는 '머쓱하다'에서 갈라져 나온 게 아닐까 싶긴 한데, '내광쓰광'은 도무지 어떤 말과 연관을 지을 수 있을지 모르겠다. 비슷한 형태의 말이 아예 없기 때문이다. 이처럼 정체를 알기 힘들고 지금은 거의 사용하지 않는 말들은 방송이나 신문의 '우리말 겨루기'나 '우리말 퀴즈' 같은 데 단골로 등장하곤 한다. '내광쓰광'도 그런 경우인데, 입에 잘 붙지 않아 되살려 쓰기에는 쉽지 않은 낱말이다.

참고

서먹한 상태나 그런 관계를 나타내는 형용사 몇 개를 소개한다.

섬서하다: 1. 지내는 사이가 서먹서먹하다. 2. 대접이나 관리가 소홀하다.(작은말: 삼사하다)

서어하다(齟齬하다/鉏鋙하다): 1. 틀어져서 어긋나다. 2. 익숙하지 아니하여 서름서름하다. 3. 뜻이 맞지 아니하여 조금 서먹하다.

어성버성하다: 분위기가 어색하거나 사람을 대하는 것이 부자연스럽고 사이가 서먹서먹하다.

어석버석하다: 관계가 어색하고 서먹서먹하다.

'어석버석'이 따로 표제어에 있지만, 과일 등을 베어 먹거나 나뭇잎 등이 부서지는 소리를 나타내는 말로만 나와 있다. 그런데 이 낱말이 서먹한 관계를 나타내는 부사어로 쓰인 예가 있다. 소설가 김동인이 쓴 《여인》이라는 책의 〈김옥엽과 황경옥〉편에 다음과 같은 구절이 나온다.

▶ 이렇게 서로 어석버석 기괴한 감정으로 지내는 동안에 옥엽과 나의 마지막 파탄(破綻)이 마침내 이르렀다.

좀스러운
태도를

나타내는
말들

좀이라는 벌레가 있다. 옷이나 나무, 곡식, 종이 따위를 슬어
서 못 쓰게 만드는 조그마한 벌레를 말한다. '좀벌레'라고 하
는 이들도 있지만 이 말은 표준어가 아니다. 좀은 눈에 잘 띄
지 않을 정도로 작아서 '좀생이'나 '좀스럽다' 같은 말을 파생
시켰다.

좀스러움을 나타내는 의태어가 여러 개 있다.

<u>시시콜콜</u> 1. 마음씨나 하는 짓이 좀스럽고 인색한 모양. 2.
자질구레한 것까지 낱낱이 따지거나 다루는 모양.

일상생활에서 무척 많이 쓰는 말인데, 첫 번째 의미로 사

용하는 경우는 거의 없다. 그래서 《표준국어대사전》과 달리 《고려대한국어대사전》에는 첫 번째 의미가 나오지 않는다. 주로 '시시콜콜 따진다', '시시콜콜 간섭한다'처럼 쓰인다. 이 말은 어떻게 해서 생겨났을까? '시시'는 '시시하다'에서 가져오고, '콜콜'은 아래 낱말을 끌어온 게 아닐까 싶다.

<u>콜콜</u> 고리타분하거나 시금털털한 냄새가 나는 모양.

'그의 옷에서는 홀아비 냄새가 콜콜 났다'처럼 쓰면 되는데, '시시콜콜'이란 이처럼 시시하고 냄새나는 것들까지 따지고 든다는 뜻으로 만든 말로 보인다. 비슷한 말로 '꼬치꼬치'가 있다. 낱낱이 따지고 캐물을 때 쓰는 말인데, 다른 뜻을 지닌 동음이의어가 하나 더 있다.

<u>꼬치꼬치</u> 몸이 몹시 여위고 마른 모양.

'너는 요즘 왜 그렇게 꼬치꼬치 말라가니?'처럼 쓰면 된다. 뭔가 날카로운 느낌을 주는 이 말은 어디서 왔을까?
꽃게라는 갑각류 이름에 대해 많은 이가 게를 쪘을 때 꽃처럼 붉은색이 돈다고 해서 꽃게라고 불렀을 거라고 오해한다. 하지만 꽃게의 '꽃'은 본래 '곶'에서 왔다. '곶'은 바다 쪽으

로 좁고 길게 내민 땅을 뜻한다. 꽃게는 등딱지의 앞부분, 눈이 있는 양쪽 위에 꼬챙이 같은 뿔이 길게 나와 있다. 그게 곶처럼 생겼다고 해서 '곶게'라고 하던 게 지금의 '꽃게'로 발음이 바뀐 것이다. '꼬챙이' 역시 '곶'에서 온 말이며, '꼬치꼬치'도 마찬가지다. 꼬챙이로 캐듯이 따지며 묻는다는 뜻으로 만든 말이다.

따지고 캐묻는 모양을 나타낼 때 쓰는 말 중에는 조어법이 재미있는 것들도 있다.

옴니암니 1. 다 같은 이인데 자질구레하게 어금니 앞니 따진다는 뜻으로, 아주 자질구레한 것을 이르는 말.
2. 자질구레한 일에 대하여까지 좀스럽게 셈하거나 따지는 모양.

널리 쓰이는 편은 아니지만 그래도 제법 쓰임새가 있는 말이다. '그렇게 옴니암니 따지고드는 사람은 딱 질색이야'처럼 쓰면 된다.

풀이에 나오는 것처럼 '옴니'는 어금니, '암니'는 앞니에서 온 말이다. 다 같은 이를 두고 어금니니 앞니니 하며 구분할 필요가 있느냐는 뜻으로 만든 말이다. 순서를 바꾼 '암니옴니'도 표제어에 있지만 '옴니암니'가 훨씬 많이 쓰인다.

미주알고주알 아주 사소한 일까지 속속들이.

'옴니암니'가 주로 무언가를 따질 때 쓴다면, '미주알고주알'은 일일이 간섭하고 캐물을 때 주로 쓴다. 그래서 《표준국어대사전》은 현진건의 소설 《무영탑》에 나오는 "털이 가 안 된다는 까닭을 미주알고주알 캐내서 수다 늘어놓는데 주만은 참다못하여 소리를 빽 질렀다"를 예문으로 제시했고, 《고려대한국어대사전》은 "미주알고주알 간섭하다"라는 짧은 예문을 달았다. 순서를 바꾸어 '고주알미주알'이라고도 한다.

'미주알'은 항문을 이루는 창자의 끝부분을 이르는 말로 '밑살'이라고도 한다. '미주알' 다음에 운을 맞추기 위해 특별한 의미가 없는 '고주알'을 붙였다. 해산물의 한 종류를 가리키는 이름인 말미잘에 붙은 '미잘'은 '미주알'이 줄어서 된 말이다. 말미잘이 촉수를 몸속으로 집어넣고 웅크렸을 때 마치 항문처럼 생겼다고 해서 그런 이름을 얻었다. 앞에 붙은 '말'은 '말벌'이라고 할 때처럼 크다는 뜻을 지닌 접두사에 해당한다.

"미주알고주알 밑두리콧두리 캔다"라는 속담이 있다. 밑두리는 항문 둘레, 콧두리는 코 둘레를 가리킨다. 속사정을 자질구레한 것까지 속속들이 자세히 조사한다는 뜻으로 쓰는 속담이다. '밑두리콧두리'도 국어사전 표제어에 실려 있지만 의태어가 아니라 명사로 구분하고 있다.

까불까불과

통하는 말들

매사에 진중하지 못하고 촐랑대며 경망스러운 행동을 일삼는 사람을 흔히 '까불이'라고 한다. 놀림조로 이르는 말이기에 나이 든 사람에게 쓰면 실례가 된다. '까불이'는 '까부르다'의 준말인 '까불다'에서 왔으며, 본래의 뜻은 이렇다.

> **까부르다** 1. 키를 위아래로 흔들어 곡식의 티나 검불 따위를 날려 버리다. 2. 키질하듯이 위아래로 흔들다.

요즘은 농촌에 가도 키를 구경하기가 쉽지 않다. 그래서 젊은 세대는 키라고 하면 열쇠를 뜻하는 영어 키(key)부터 떠올리기 십상이다. 그러니 '까불이'라는 말이 티나 검불을 날리는 키질에서 비롯했다는 걸 알기 어렵다. 키질할 때 알곡만 남기고 가벼운 것들은 날리는 모습에서 경박한 행동을 유추하여 '까불다'에 새로운 뜻을 담아 사용하게 되었다. 거기서 한 발 더 나아가 건방지고 주제넘게 군다는 뜻도 더해졌다. 남들 앞에서 함부로 까불다 다치는 수가 있으니 삼가야 할 일이다. '까불다'의 뜻을 강조한 '들까불다'와 '뒤까불다' 같은 말도 있다.

이제 까부는 모양을 나타내는 의태어를 살펴볼 차례다.

까불까불 1. 가볍게 흔들려 자꾸 움직이는 모양. '가불가불'보다 센 느낌을 준다. 2. 자꾸 경솔하게 까부는 모양.

'가불가불' 말고 '거불거불'과 '꺼불꺼불'도 같은 뜻으로 국어사전에 올라 있다. '까불까불'이 키를 위아래로 계속 흔들어서 티를 날리는 키질에서 왔음을 확실하게 보여주는 낱말이 있다.

들까불들까불 위아래로 자꾸 심하게 흔드는 모양.

앞에 붙은 '들'을 어디서 가져왔는지 확실하게 단언하기는 어렵다. 키질을 하려면 키를 손으로 들고 위아래로 흔들어야 하므로 '들다'에서 오지 않았을까 하고 생각해볼 수 있다. 다음으로는 '들'이 '들끓다'나 '들볶다'처럼 '마구' 혹은 '몹시'를 강조하는 접두사로 쓰이므로 그런 측면에서 접근해볼 수도 있다. 《고려대한국어대사전》은 후자의 손을 들어주고 있다.

이들과 형태는 다르지만 까부는 모양을 나타내는 의태어가 국어사전에 꽤 많다. 쉽게 떠올릴 수 있는 건 '촐랑촐랑', '촐싹촐싹' 같은 말이다. '까불이'처럼 '촐랑이'도 비슷한 뜻으로 표제어에 올라 있기도 하다. 촐랑대거나 촐싹거리는 모습에 어울리는 낱말이 있다.

지망지망 1. 조심성이 없고 경박하게 촐랑대는 모양. 2. 어리석고 둔하여 무슨 일에나 소홀한 모양.

욜랑욜랑 몸의 일부를 가볍게 흔들며 잇따라 움직이거나 촐싹거리는 모양.

일상생활에서 자주 쓰는 말이 아닌 것도 무척 많은데, 다음 중에서 알고 있는 낱말이 몇 개나 될까?

깝작깝작 자꾸 방정맞게 까불거나 잘난 체하는 모양.(큰말: 껍적껍적)

새들새들 마음이 들떠서 경솔하게 자꾸 까부는 모양.

새롱새롱 경솔하고 방정맞게 까불며 자꾸 지껄이는 모양.
(큰말: 시룽시룽)

시룽새롱 실없이 방정맞게 까불며 자꾸 지껄이는 모양.

새실새실 1. 점잖지 아니하게 자꾸 까불며 웃는 모양. 2. 생
글생글 웃으면서 재미있게 자꾸 지껄이는 모양.(큰
말: 시실시실)

오똘오똘 방정맞게 자꾸 까불거나 몸을 흔드는 모양.(큰말:
우뚤우뚤)

졸래졸래 1. 까불거리며 경망스럽게 행동하는 모양. 2. 무질
서하게 졸졸 뒤따르는 모양.(큰말: 줄레줄레)

쫄래쫄래 1. 까불거리며 경망스럽게 행동하는 모양. '졸래
졸래'보다 센 느낌을 준다. 2. 여럿이 무질서하게
졸졸 뒤따르는 모양. '졸래졸래'보다 센 느낌을 준
다.(큰말: 쭐레쭐레)

희룽희룽 자꾸 버릇없이 까부는 모양.

희룽해롱 실없이 경솔하게 자꾸 까부는 모양.

'시룽새롱'이 앞뒤로 '룽'을 맞춘 '시룽새룽'이 아닌 이유
는 '새롱새롱'에 있는 '새롱'을 가져와서 합쳤기 때문이다. '희
룽해롱'도 마찬가지다.

북한에서는 '까불까불'을 '까부랑까부랑'이라고도 한다.
참 재미있는 표현이다.

참고

'욜랑욜랑'과 같은 계열의 의태어가 여러 개 있으나 다들 촐싹
거리는 모양과는 관련이 없다.

얄랑얄랑: 작고 긴 물건 따위가 요리조리 자꾸 흔들리는 모
양.(유의어: 열렁열렁, 일렁일렁)
일렁얄랑: 물건 따위가 고르지 아니하게 자꾸 이리저리 흔들
리는 모양.
올랑올랑: 1. 놀라거나 두려워서 가슴이 자꾸 두근거리는 모
양. 2. 속이 매슥매슥하여 자꾸 토할 것 같은 모양. 3. 작은 물
결이 잇따라 흔들리는 모양.(큰말: 울렁울렁)
올랑촐랑: 1. 작은 물결이 여기저기 부딪치는 소리. 또는 그 모
양. 2. 작은 그릇에 담긴 물이 흔들리는 소리. 또는 그 모양.(큰
말: 울렁출렁)

까부는 모양은 아니지만 허리를 가볍게 흔드는 모양을 나타내

는 낱말들도 있다.

일쭉일쭉: 허리를 거볍게 좌우로 자꾸 흔드는 모양.

얄쭉얄쭉: 허리를 가볍게 좌우로 자꾸 흔드는 모양.

일쭉얄쭉: 허리를 좌우로 가볍고 고르지 아니하게 자꾸 흔드
는 모양.

휘뚜루

마뚜루

국어사전을 들추다 보면 이런 낱말이 있었나 싶을 만큼 낯선 말과 마주칠 때가 많다. '휘뚜루마뚜루'도 그런 말 중의 하나다. 이 낱말을 처음 만났을 때 참 재미있다고 생각해서 지금도 기억의 저장고 한쪽에 잘 모셔두고 있다.

> **휘뚜루마뚜루** 이것저것 가리지 아니하고 닥치는 대로 마구 해치우는 모양.

'휘뚜루'가 따로 표제어로 있으며, 여기에 운율을 맞추기 위해 특별한 의미가 없는 '마뚜루'를 겹쳐서 만든 준첩어이다.

<u>휘뚜루</u> 닥치는 대로 대충대충.

어떤 말이 생길 때는 반드시 그럴 만한 이유나 그 말의 바탕이 되는 뿌리가 있다. '휘뚜루'가 대체 어디서 온 말일까 궁금해서 한참을 궁리해봐도 마땅한 답을 찾지 못했다. 그러다가 옛말에 '횟두르다'가 있다는 사실을 알게 됐다. 시민들이 함께 참여해서 만드는 사전인 〈우리말샘〉에 다음과 같이 나와 있다.

<u>횟두르다</u> 1. [옛말] '둘러싸다'의 옛말. 모음으로 시작하는 어미 앞에서는 '횟둘-'로 나타난다. 2. [옛말] '휘두르다'의 옛말. 모음으로 시작하는 어미 앞에서는 '횟둘-'로 나타난다.

그러니까 '휘뚜루'는 '휘두르다'의 옛말인 '횟두르다'에서 온 게 분명했다. 지금은 ㅅ이 빠져서 '휘두르다'가 됐지만 옛말의 발음은 '휘뚜르다'였고, 옛 발음이 그대로 남아서 '휘뚜루'가 되었다. '휘뚜루'가 '닥치는 대로 대충대충'의 뜻을 지닌다고는 하지만 말 자체는 누군가가 재미 삼아 대충 만든 게 아니라는 사실을 알게 된 것도 흥미로웠다.

'휘뚜루마뚜루'에 비해 '휘뚜루'가 홀로 쓰이는 경우는 드물며, '휘'는 '마구', '매우 심하게' 등의 뜻을 더하는 접두사로 쓰인다. '휘젓다', '휘몰아치다', '휘감다' 같은 말이 그런 예에 해당한다. '아무렇게나 되는대로'의 뜻을 지닌 '허투루'도 '휘뚜루'에서 온 것으로 보인다.

'휘뚜루마뚜루'는 쓰임에 따라 '마구마구' 혹은 '대충대충', '제멋대로' 등과 통하는 말이다. '젊었을 적엔 휘뚜루마뚜루 돌아다니면서 경험을 많이 쌓는 것도 좋아'처럼 쓰면 된다. 자유분방한 태도 혹은 적극적인 자세를 나타낼 때 적절히 사용할 수 있는 어휘라고 하겠다. '마구잡이'라는 말도 있지만 그에 비해 '휘뚜루마뚜루'는 어감도 꽤 경쾌하게 다가오는 편이다.

'휘뚜루마뚜루'와 통하는 말이 국어사전에 하나 더 있다. 이 말 역시 낯설기는 마찬가지일 듯하다.

<u>함부로덤부로</u> 마음 내키는 대로 마구. 또는 대충대충.

'덤부로' 역시 별 뜻 없이 '함부로'에 운을 맞추기 위해 끌어온 말이다. 《고려대한국어대사전》에서는 이 낱말의 뜻을 "'함부로'를 강조하여 이르는 말"이라고 풀이했다. '마구마구'와 통하는 말이라고 하겠다.

마구 혹은 함부로 행동하는 모양을 나타내는 말들이 있어 소
개한다.

지딱지딱: 1. 서둘러서 마구 설거지를 하는 모양. 2. 함부로 자
꾸 들부수어 못 쓰게 만드는 모양. 3. 서둘러서 일 따위를 하
는 모양.

헤픈데픈: 말이나 행동을 신중하지 않게 함부로 해대는 모양
을 나타내는 말.

귀둥대둥: 말이나 행동 따위를 되는대로 아무렇게나 하는 모양.

《고려대한국어대사전》은 '귀둥대둥'과 같은 말로 '괴둥괴둥'
을 하나 더 올려놓았다. '헤픈데픈'도 《고려대한국어대사전》
에만 있는 낱말이다.

흥청

망청

조선 시대에 가장 난폭하면서 여색을 밝힌 임금으로 흔히 연산군을 꼽는다. 그런 연산군도 즉위 초기에는 국정 운영을 꽤 잘했다는 평가를 받았다. 그랬던 연산군이 점차 폭군으로 변하기 시작한 이유로 신하들의 지나친 간섭과 월권, 어머니 윤씨가 폐위된 과정을 둘러싼 논란을 들곤 한다. 이유야 어찌 됐든 재위 중반을 넘어가면서 연산군은 신하들을 대거 숙청하는 동시에 향락에 빠져들었다. 그 과정에서 '흥청망청'이라는 말이 생겨났다는 설이 유력하다. 일단 '흥청망청'의 국어사전 풀이는 이렇다.

<u>흥청망청</u> 1. 흥에 겨워 마음대로 즐기는 모양. 2. 돈이나 물건

따위를 마구 쓰는 모양.

'흥(興)'은 재미나 즐거움을 일어나게 하는 감정을 뜻하는 말이다. 그래서 '흥청거리다'라고 할 때의 '흥청'이 이 말에서 비롯한 것 아닌가 하고 생각할 수도 있다. 그런데 의외의 곳에서 '흥청'을 만날 수 있다.

흥청(興淸) [역사] 조선 연산군 10년(1504)에 나라에서 모아들인 기녀(妓女).

풀이에서 '기녀'라고 했지만 기록을 살펴보면 기녀가 아닌 양인의 딸도 있었다. 연산군이 유흥을 즐기기 위해 전국에서 젊은 여자들을 불러 모았는데, 이때 생긴 말이 바로 '채홍사(採紅使)'다. '채홍준사(採紅駿使)'라고도 하는 이들이 팔도를 돌아다니며 얼굴이 반반한 여자들을 골라 한양으로 올려 보내는 일을 했다. 이렇게 뽑힌 여자들이 모두 흥청이 된 건 아니고, 운평(運平)이라 불리던 여자들도 있었다.

운평(運平) [역사] 조선 연산군 때에, 여러 고을에 널리 모아둔 가무(歌舞) 기생. 이들 가운데서 대궐로 뽑혀 온 기생을 흥청(興淸)이라고 하였다.

이 풀이도 실제와는 약간 다르다. 여러 고을에 모아둔 게 아니라 한양으로 불러들여 머물게 했으며, 다만 대궐 안에 거주하지 못했을 뿐이다. 흥청과 운평에게는 가무를 익히게 하여 각종 연회 때마다 춤과 노래로 연산군을 즐겁게 하도록 했다. 이때 연산군이 마음에 드는 흥청을 골라 잠자리를 갖기도 했으며, 그런 흥청을 특별히 천과흥청(天科興淸), 그렇지 못한 흥청을 지과흥청(地科興淸)이라 했다. 초기에는 흥청 3백 명, 운평 7백 명을 선발했는데 이후에는 그 수를 더 늘리도록 했다.

▶ 소위 흥청이란 사예(邪穢)를 깨끗이 씻으라는 뜻이요, 운평은 태평한 운수를 만났다는 뜻인데, 그 의미가 어떠한가?

《조선왕조실록》에 나오는 대목으로, 연산군이 신하들에게 자신이 지은 명칭에 대한 의견을 구하면서 한 말이다. 사예란 사악하고 더러운 것을 뜻한다. 그러므로 흥청이 흥을 돋운다는 의미와는 거리가 있음을 알 수 있다.

연산군이 궁궐에서 흥청들을 데리고 난잡하게 놀았다는 내용이 《조선왕조실록》에 여러 차례 나온다. 이로부터 '흥청망청'이라는 말이 나왔다는 게 우리말을 연구하는 이들의 대체적인 견해다.

'흥청망청'은 '흥청흥청'이라고도 한다.

흥청흥청 1. 흥에 겨워서 마음껏 거드럭거드럭하는 모양. 2. 재산이 넉넉하여 돈이나 물건 따위를 아끼지 아니하고 마구 쓰는 모양. 3. 막대기나 줄 따위가 자꾸 탄력 있게 흔들리는 모양.

'흥청망청'에 비해 다른 뜻이 덧붙어 있음을 알 수 있다. '흥청망청'과 통하는 의태어가 하나 더 있다.

흔전만전 1. 매우 넉넉하고 흔한 모양. 2. 돈이나 물건 따위를 조금도 아끼지 아니하고 함부로 쓰는 듯한 모양.

'흔'은 '흔하다'에서, '전'은 돈을 뜻하는 '전(錢)'에서 끌어와 만든 말로 보인다.

이러한 뜻과는 달리 '흥겹다'와 통하는 의태어로는 다음과 같은 말이 있다.

흥성흥성(興盛興盛) 1. 활기차게 번창하는 모양. 2. 여러 사람이 계속 활기차게 떠들며 흥겹고 번성한 분위기를 이루는 모양.

얼렁뚱땅과

엄벙뗑

'얼렁뚱땅'이라는 말을 접했을 때 이게 무슨 말이지 하는 생각이 먼저 들었다. 그러다가 잠시 후에 '얼렁뚱땅'의 작은말이겠구나 하는 쪽으로 생각이 흘러갔다. 국어사전을 찾아보니 역시 그랬다.

> **얼렁뚱땅** 어떤 상황을 얼김에 슬쩍 넘기는 모양. 또는 남을 엉너리로 슬쩍 속여 넘기게 되는 모양. ≒엄벙뗑.

끝에 유의어로 '엄벙뗑'을 제시한 게 눈에 띄었다. '엄벙뗑'을 찾았더니 풀이가 '얼렁뚱땅'과 똑같이 되어 있었다. '얼렁뚱땅'은 어떻게 해서 생겨난 말일까? '얼렁뚱땅' 풀이에 '엉너리'라는 말이 나온다. 뜻은 이렇다.

엉너리 남의 환심을 사기 위하여 어벌쩡하게 서두르는 짓.

뜻을 정확하게 알기 위해 이번에는 '어벌쩡'이라는 낱말을 찾아보았다.

어벌쩡 제 말이나 행동을 믿게 하려고 말이나 행동을 일부러 슬쩍 어물거려 넘기는 모양.

'얼렁뚱땅'과 뜻이 거의 같음을 알 수 있다. 두 낱말의 뜻을 알아본 이유는 '얼렁뚱땅'이 '엉너리'와 '뚝딱'이 합쳐져서 생겼다는 주장을 담은 글이 여기저기서 보이기 때문이다. '얼렁뚱땅'의 의미가 '엉너리'와 유사한 건 분명하다. 그리고 '뚝딱'이 일을 손쉽게 처리하는 걸 가리킨다고 볼 때 성의 없이 혹은 눈가림으로 대충 처리해서 넘긴다는 식으로 의미가 변화했을 수도 있다. 하지만 '엉너리+뚝딱'이 '얼렁뚱땅'으로 음운 변이를 일으켰다고 보는 건 무리가 있지 않을까? '뚝딱'이 '뚱땅'으로 변하는 건 그럴 수 있겠다 쳐도 '엉너리'가 '얼렁'으로 변하기는 쉽지 않아 보이기 때문이다.

얼렁얼렁 남의 비위를 맞추거나 환심을 사려고 더럽게 자꾸
아첨을 떠는 모양.

'얼렁뚱땅'의 '얼렁'은 '얼렁대다'라는 동사와 연결된 '얼
렁얼렁'에서 가져왔다고 보는 게 더 타당해 보인다.

▸ 한번 가서 구경해보리라고 밧분 일을 얼렁뚱딱 마치고 쪼처
갓섯더니….(〈조선일보〉, 1925. 1. 25.)

국어사전에는 없지만 예전부터 쓰였고 지금도 더러 '얼
렁뚱딱'이라는 말을 쓰는 사람들이 있다. 이 말이 쓰인 맥락
을 살펴보면 '얼렁뚱땅'과는 의미 차이가 있다. 속여 넘긴다
는 뜻보다는 빨리 해치운다는 뜻이 강하게 다가오기 때문이
다. 하지만 '얼렁뚱땅'도 시간을 두고 사전에 미리 준비한 계
획이 아니라 순간적으로 위기를 모면하기 위해 둘러댈 때 쓰
는 말이라고 할 때 둘 사이에 친연성이 전혀 없다고 보기도
어렵다. '얼렁뚱딱'이 '얼렁뚱땅'으로 변하면서 뜻도 따라서
변한 게 아닐까 하는 생각을 해본다.

▸ 모르는 곳이 잇서도 그다음부터는 엄벙뚱땅하고 넘어가니
한아 모르는 것이 둘셋으로 점점 더하여저서….(〈동아일보〉,

1926. 5. 8.)

오래된 신문 기사들을 찾아보니 '엄벙뚱땅'이라는 낱말이 쓰인 게 더러 눈에 띈다. 물론 이 말도 국어사전 안에는 없다. 앞 문장의 맥락을 살펴보면 '얼렁뚱땅'과 같은 의미로 사용했음을 알 수 있다. 그렇다면 '얼렁뚱땅'과 '엄벙뚱땅'이 같이 쓰이다가 점차 '엄벙뚱땅'이 밀려난 모양이다. '엄벙뚱땅'보다는 '얼렁뚱땅'이 더 소리 내기 쉬워서 입에 잘 붙고 말맛도 잘 살아나서 그런 게 아닐까 싶다.

엄벙대다 1. 말이나 행동을 착실히 하지 못하고 실속 없이 자꾸 과장하다. 2. 일을 건성으로 하여 남의 눈을 자꾸 속이다.

'얼렁' 대신 '엄벙대다'의 어근 '엄벙'을 취해 '엄벙뚱땅'을 만들었고, 그러다 이 말을 누군가 줄여서 앞에서 소개한 '엄벙뗑'이라는 말을 만들어 쓰기 시작했을 것이다. 우리가 쓰는 말들을 놓고 이런 식으로 갈래와 근원을 찾아가다 보면 어느 지점에선가 서로 만나게 된다.

'얼렁뚱땅'과 통하는 낱말 하나를 더 보자.

엉이야벙이야 일을 얼렁뚱땅하여 교묘히 넘기는 모양.

줄여서 '엉야벙야'라고도 한다. 이 낱말에 쓰인 '엉'과 '벙'을 결합한 낱말도 있다.

엉벙 1. 쓸데없는 것들을 너절하게 벌이어놓은 모양. 2. 쓸데 없는 말을 너절하게 지껄이며 허풍을 치는 모양.

동의어로 '엉정벙정'과 '엉기정기'가 표제어로 올라 있다. 다만 '엉기정기'에는 두 번째 뜻이 없고 첫 번째 뜻으로만 쓰인다.

참고

앞에서 소개한 '얼렁얼렁'의 작은말은 '알랑알랑'이다. '알랑 방귀'라는 말이 이 '알랑'에서 나왔다. '알랑'과 '얼렁' 그리고 '엉너리'와 관련된 낱말 몇 개를 소개한다.

알랑수: 알랑뚱땅하여 교묘히 상황을 넘기거나 남을 속여 넘기는 수단.

얼렁수: 얼렁뚱땅하여 교묘히 상황을 넘기거나 남을 속여 넘기는 수단.

알랑쇠: 알랑거리는 사람을 낮잡아 이르는 말.

얼렁쇠: 얼렁거리는 사람을 낮잡아 이르는 말.

엉너릿손: 엉너리로 사람을 그럴듯하게 꾀어넘기는 솜씨.

을밋

을밋

어떤 일을 할 때마다 자꾸 머뭇거리거나 미적거리는 사람이 있다. 그런 모습을 보면 답답하고 짜증이 나기 마련이다. 결단성이 없거나 게을러서 그럴 텐데, 바람직한 태도는 아니다. 그런 모습을 나타낼 때 '머뭇머뭇'이나 '미적미적' 같은 의태어를 쓴다. 이 말들은 다음과 같이 늘여서 쓰기도 한다.

머무적머무적 선뜻 말하거나 행동하지 못하고 자꾸 망설이는 모양을 나타내는 말.

미루적미루적 해야 할 일이나 날짜 따위를 미루어 자꾸 시간을 끄는 모양.

망설이거나 미루는 모양을 나타내는 말은 여럿이다. '멈 칫멈칫', '주춤주춤', '우물쭈물', '엉거주춤' 같은 말이 대표적 이며, 한자어인 줄을 모르는 이가 많은 '주저주저(躊躇躊躇)'도 있다. '주춤주춤'과 '엉거주춤'의 작은말인 '조촘조촘'과 '앙가 조촘'도 국어사전에 올라 있으나 많이 쓰이지는 않는다. 일상 생활에서 자주 접하지 않는 낯선 말도 있다.

을밋을밋 1. 자기의 책임이나 잘못을 우물우물하며 넘기려
고 하는 모양. 2. 기한이나 일 따위를 우물쩍거리며
잇따라 미루는 모양.

'머뭇머뭇'은 '머물다', '미적미적'은 '미루다'에 뿌리를 대 고 있을 거라는 짐작을 해볼 수 있는 데 반해 '을밋을밋'은 뿌 리를 찾기가 힘들다. 같은 계열의 말로 '얼밋얼밋'과 '알밋알 밋'도 표제어로 등재되어 있긴 하지만 어디서 온 말인지 짐작 하기 어려운 건 마찬가지다.

그렇다면 상상의 날개를 펼쳐보는 것도 나쁘지는 않을 듯하다. 동학농민운동이 들불처럼 번져갈 때 농민들 사이에 서 널리 불린 노래가 몇 개 있다. 그중 하나가 녹두장군으로 불리던 전봉준을 생각하며 부른 "새야 새야 파랑새야 녹두밭 에 앉지 마라"로 시작하는 노래다. 그만큼은 아니지만 당시

에 널리 퍼진 다음과 같은 노래도 있었다.

가보세 가보세, 을미적 을미적, 병신 되면 못 가리.

동학농민운동 관련해서 자주 거론되는 노래 가사다. 이 노래는 중의적이어서 속에 담긴 의미를 잘 끄집어내어 이해해야 한다. 동학농민운동이 일어난 건 1894년으로 갑오년에 해당한다. 그래서 갑오농민운동이라는 용어를 쓰는 사람들도 있다. 갑오년 다음 해는 을미년이고, 그다음 해는 병신년이다. 모두가 평등한 대동세상을 이루려면 갑오년에 들고일어나야 하며, 을미년이 되면 늦고 병신년이 되면 아예 주저앉고 말 거라는 뜻을 담았다. '을미년'을 '을미적'에 연결한 이유는 당시에 '을미적거리다'라는 말이 쓰이고 있었기 때문이 아닐까?

이 노래 가사를 소개하는 이유는 '을밋을밋'을 '을미적 을미적'과 연결해 볼 수 없을까 해서다. '머뭇머뭇'과 '머무적머무적', '미적미적'과 '미루적미루적'의 관계뿐만 아니라 이런 식으로 이루어진 낱말이 꽤 많기 때문이다. 앞에서 소개한 '우물쭈물'도 마찬가지 형태를 지니고 있다.

우물적주물적 말이나 행동을 몹시 우물거리며 주저주저하는 모양.

그러니 '을밋을밋'과 '을미적을미적'을 연결해 보고픈 생각이 마냥 터무니없지는 않을 것이다. 미리 말해두었듯 이런 견해는 나의 상상에서 비롯된 것으로 엄밀한 근거를 갖추고 있지는 못한다. 한 가지만 첨언하자면 '을씨년스럽다'라는 말이 을사년에 흉흉한 일이 많이 벌어져서 그에 빗대어 만든 말이라는 설이 공유되고 있다는 사실을 함께 생각해보면 좋겠다.

이와 다른 측면에서 검토할 만한 낱말이 있다.

<u>얼무적(孼無嫡)</u> 매사에 분명하지 아니함을 이르는 말.

'얼밋얼밋'과 의미상 유사성이 있는 낱말이다. 한자로 되어 있는데, 실제로 저런 말이 어디서 나왔는지 확인하기 어렵거니와 지금껏 사용된 흔적도 많지 않다. 더구나 한자를 어떤 식으로 풀어서 이해해야 할지 난감하다. '얼(孼)'은 첩의 자식을 뜻하는 서얼(庶孼)에서 왔고, 얼자(孼子)라고 하면 양반과 천민 여성 사이에서 낳은 자식을 뜻한다. 그리고 '적(嫡)'은 적자(嫡子), 즉 본부인에게서 낳은 자식을 말한다. '얼무적(孼無嫡)'은 적자가 없는 상태의 얼자를 뜻하는 말로 풀어야 할 듯한데, 그렇다면 풀이에 나온 내용과 어떻게 연결해야 할지 언뜻 이해하기 어렵다. 이 낱말의 출처가 불명확하다 보니 실제로

있었던 말인지도 의심스러울 지경이다.

얼미적 '얼무적'의 방언.(강원)

〈우리말샘〉에 방언으로 소개된 말이다. 인터넷에서 검색
해보니 '얼미적거리다'와 '얼미적얼미적하다'라는 말을 쓴
글이 간혹 보인다. 문맥을 보니 미적거린다는 뜻과 통하는
말로 썼다. 여기서 '얼밋얼밋'이 나오고, 거기서 다시 '을밋을
밋'이 파생된 걸까? 역시 알 수 없는 일이다.

다시 '얼무적'이라는 말로 돌아가 보면 일제 식민지 시기
에 활동했던 현진건의 소설에 이 낱말이 자주 등장한다.

▶ 아사달 놈이 삼 년 템이나 계집 없이 얼무적거릴 리도 없겠
고….(《무영탑》)
▶ "여보, 그 판이 어느 판이라고 얼핏 따라나서지를 않고 얼무적
얼무적했단 말이오?"(《흑치상지》)

현진건은 대구 출신이다. 다른 작가들의 작품에서는 찾
아보기 힘든 낱말임을 고려할 때 '얼무적'이 그 지역 사투리
였을 수도 있겠다는 생각도 든다. 그래선지 몰라도 '얼무적거
리다'와 '얼무적얼무적' 같은 말은 국어사전 안에 없다. 그렇

다 하더라도 '얼무적'과 '얼밋'을 연결해보고 싶은데, 그러자면 먼저 '얼뭇' 같은 형태도 있어야 하지 않을까 싶다. 하지만 어디서도 '얼뭇'의 형태로 쓰인 말은 발견하지 못했다.

'을밋을밋'이 '을미적을미적'과 친연성이 가장 커 보이지만 나의 상상은 이만 그치기로 한다. 증명할 수 없는 건 그대로 놔두는 게 도리일 듯하다.

갈팡질팡과

가리산지리산

갈피를 잡지 못하고 이리저리 헤맬 때 '갈팡질팡'이라는 말을 쓴다. '갈팡'이라는 말은 어디서 비롯했을까? '갈까 말까' 혹은 '갈지 말지'라는 표현을 많이 쓰고 있는 상황을 염두에 두면 '가다'라는 동사에서 갈라져 나왔음이 분명하다. 처음에는 길을 잘못 들거나 제대로 방향을 찾지 못할 때 쓰기 위한 말로 만들었을 것이다. 그러다 지금은 일을 어떻게 처리해야 할지 모르거나 마음을 확실히 정리하지 못했을 때도 쓴다. '갈팡'만 떼어서 '갈팡대다', '갈팡거리다'처럼 쓰기도 한다.

'갈팡질팡'과 통하는 재미있는 말이 있다.

가리산지리산 이야기나 일이 질서가 없어 갈피를 잡지 못하는 것을 이르는 말.

가리산인지 지리산인지 모르겠다는 뜻으로 만든 말이다. 지리산이야 모를 사람이 없겠지만 가리산은 어디에 있는 산을 말할까? 가리산이라는 이름을 가진 산은 전국에 여러 개 있다. 그중에서 어떤 산을 가리키는지 확실치는 않으나 그게 중요하지는 않다. 지리산과 이름이 비슷한 산을 끌어들여 만든 말이기 때문이다.

이런 해석과 달리 볼 소지가 아주 없는 건 아니다. 다음과 같은 말이 국어사전 안에 있기 때문이다.

가리산 '가리사니'의 준말.
가리사니 1. 사물을 판단할 만한 지각(知覺). 2. 사물을 분간하여 판단할 수 있는 실마리.

혹시 여기서 가리산을 가져온 걸까? 이런 질문도 충분히 가능할 법하다. '가리산지리산'이 제대로 판단을 내리지 못하는 상황을 뜻하는 말이므로 '가리사니'의 뜻에 나오는 '판단할 수 있는 실마리'라는 표현이 그런 가능성을 높여주기도 한다. 하지만 《고려대한국어대사전》의 '가리산지리산' 풀이에 "가리산인지 지리산인지 구분하지 못하다는 뜻에서"라는 구절이 있는 것에서 보듯 산 이름으로서의 가리산에서 왔을 가능성이 더 커 보인다.

특이한 건 '갈팡질팡'의 앞뒤 순서를 바꾼 '질팡갈팡'은 비표준어로 처리하고 있지만, '가리산지리산'의 순서를 바꾼 '지리산가리산'은 같은 뜻을 지닌 표준어로 인정하고 있다는 점이다. '갈팡질팡'의 다른 유의어로 한자어인 '우왕좌왕(右往左往)'이 있다.

> 우왕좌왕 이리저리 왔다 갔다 하며 일이나 나아가는 방향을 종잡지 못하는 모양.

풀이에 나오는 '이리저리'를 '저리이리'로 바꿔서 쓰지는 않는다. 그런데 이 낱말의 앞뒤 순서를 바꾼 '좌왕우왕(左往右往)'은 표준어로 인정받고 있다. '가리산지리산'과 '지리산가리산'을 동시에 인정하는 것처럼. 하지만 '우왕좌왕'에 비해 많이 쓰는 편은 아니라서 그런 말도 있다는 걸 아는 사람이 드물다. '좌우지간'을 '우좌지간', '좌지우지'를 '우지좌지'라고 하지는 않으면서 '좌왕우왕'만 인정하는 게 특이하긴 하다.

'갈팡질팡'과 통하는 한자어가 하나 더 있다.

> 지동지서(之東之西) 동쪽으로도 가고 서쪽으로도 간다는 뜻으

로, 뚜렷한 목적 없이 이리저리 갈팡질팡
함을 이르는 말.

비슷한 말로 '지남지북(之南之北)'도 있지만 국어사전에
"남쪽으로도 가고 북쪽으로도 감"이라는 뜻만 들어 있다.

어우렁

더우렁

'어우르다'에서 나온 '어울리다'와 '어우러지다'는 참 좋은 말이다. 한곳에 함께 있다는 말에 더해 조화를 이룬다는 뜻을 담고 있기에 더 그렇다. 함께 있어도 혼자 겉돌며 어울리지 않거나 조화를 이루지 못한다면 불행한 일 아니겠는가. 그러니 가능하면 서로 잘 어울려 지내도록 노력해야 한다. 서로 어울려 지내는 모습을 나타낼 때 적절하게 사용할 수 있는 말이 있다.

<u>어우렁더우렁</u> 여러 사람들과 어울려 들떠서 지내는 모양.

이 말을 '어울렁더울렁'으로 잘못 쓰는 사람이 꽤 있다. 풀

이에 나오는 표현처럼 자주 접하는 '어울려'라는 말에 이끌리다 보니 그런 표기가 나왔을 것이다. 오래전에 '어울렁더울렁'이라는 제목의 영화가 나온 적이 있고 같은 제목으로 된 노래도 있다. 그만큼 '어울렁더울렁'이 귀에 익숙하다는 얘기이긴 하지만 표준어는 '어우렁더우렁'이다.

표준어 여부와 상관없이 '어울렁더울렁'은 사라질 것 같지 않다. 워낙 많은 사람이 쓰고 있기 때문이다. 구글에서 '어우렁더우렁'을 검색하면 결과가 약 14만 2천 개로 나오고, '어울렁더울렁'을 검색하면 약 95만 2천 개로 나온다(검색할 때마다 수치가 조금씩 다르긴 하지만 비율은 늘 비슷하다). 그만큼 압도적으로 '어울렁더울렁'이 앞서고 있음을 보여준다. '자장면'과 '짜장면'을 나란히 인정하듯 '어우렁더우렁'과 '어울렁더울렁'도 나란히 인정하면 안 되는 걸까? 그렇게 둘이 어우러지도록 하는 게 어쩌면 말이 지닌 뜻과도 부합하는 자세가 아닐까 하는 생각도 해본다.

'살랑살랑'이나 '덜렁덜렁'처럼 '랑'이나 '렁'을 붙여 만든 낱말이 무척 많다. 이처럼 '어우렁더우렁'은 말끝에 ㅇ 받침을 사용함으로써 말맛을 부드럽게 이끌어주는 한편 '어우렁' 다음에 '더우렁'을 붙여 리듬감을 잘 살렸다. 왜 다른 자음이 아닌 ㄷ을 사용한 '더우렁'을 끌어다 붙였을까? 잠시만 생각해보면 '더불다'라는 말이 있음을 떠올릴 수 있다. 이 말 역시 여럿이 함께한다는 뜻이 있으니 서로 잘 맞는 쌍이라고 하겠다. '덥다'의 활용형이 '더워'인 것처럼 '더불렁'이 아니라 '더울렁'의 형태를 취한 이유도 충분히 짐작할 수 있는 일이다.

국어사전에 '어우렁'이 '쌍'의 옛말이라는 풀이를 달고 실려 있다. 아래 낱말에서 '어우렁'이 쓰인 사례를 확인할 수 있다.

어우렁그네 두 사람이 마주 올라타고 뛰는 그네. =쌍그네.

'어우르다'의 어간과 다른 말이 결합된 합성어도 있다.

어울무덤 [역사] 두 사람 이상의 주검을 한데 묻은 무덤. 대개 부부를 묻은 경우가 많다.

고유어를 사용해 합장묘(合葬墓)를 순화해서 만든 용어다. '어우르다'의 준말은 '어르다'이고, 이 말을 활용하면 '얼러'의 형태가 된다. 그렇게 본다면 아래 낱말들도 같은 뿌리에서 나왔음을 확인할 수 있다.

얼렁가래 둘을 나란히 어울러 겹으로 쓰는 가래.
얼렁장사 여러 사람이 밑천을 어울러서 하는 장사.

요즘은 '어우렁더우렁'을 줄여 '어울더울'이라는 말을 만들어 쓰는 사람들도 있다.

> ▸ 독고탁이 어울더울 우리 안에서 살아가게 하는 것, 그것을 위해 박슬기 대표는 부활이라는 타이틀로 독고탁을 되살려내고 있는 게다.(〈중앙일보〉, 2023. 1. 11.)

아직 널리 퍼진 말은 아니지만 앞으로 이 말이 정착되지 말라는 법도 없다. 괜찮다고 생각하는 사람들이 자주 쓰다 보면 새로운 말 하나가 더 생기게 되는 것이니, 그 또한 나쁜 일은 아니다. 작은 차이를 가지고 이러니저러니, 이러쿵저러쿵 따지지 말고 어우렁더우렁 사는 게 지혜로운 일이기도 하다. '이러니저러니'와 '이러쿵저러쿵'이 서로 흘겨보지 않고 사이좋게 잘 지내는 것처럼.

흥이야

항이야

누군가의 말이나 행동이 한심하거나 아니꼬울 때 콧소리로 '흥!'
하며 비웃는 소리를 낸다. '쳇'이나 '치'와 비슷한 말이다. '칫'
도 많이 쓰지만 이 낱말은《고려대한국어대사전》에만 나온
다. 아래 낱말에 나오는 '흥'도 같은 계열에 속하는 걸까?

> <u>흥이야항이야</u> 관계도 없는 남의 일에 쓸데없이 참견하여 이
> 래라저래라 하는 모양.

풀이에 나온 뜻을 보면 비웃는 게 아니라 남의 일에 참견
하는 모양을 나타내는 표현이라고 했다. 비웃는 것과 참견하
는 건 많이 다르다. 그렇다면 이 낱말에 나오는 '흥'은 어디서

왔을까. 그런 의문에 대한 답을 아래 속담에서 찾을 수 있다.

누가 흥(興)이야 항(恒)이야 하랴.

내 것을 내 마음대로 하는데 감히 누가 간섭하겠느냐는 것을 비유적으로 이르는 말. 조선 숙종 때 김수흥(金壽興), 김수항 (金壽恒) 형제가 정승을 역임하며 막강한 권세를 누리자, 누가 그 권세에 대항하여 흥(興)인가 항(恒)인가 하겠느냐는 말이 있었던 데서 나온 말이다.

《고려대한국어대사전》에 나오는 풀이를 가져왔다. 이 속담은 이기문이 편찬한 《속담사전》에 실려 있는데, 속담을 소개하고 풀이한 사전 중에서 꽤 권위를 인정받고 있다. 그 사전에 위와 같은 내용의 풀이가 담겨 있으며, 국어사전들이 그대로 이어받아서 실었다. 김수흥이 영의정을 하고 동생인 김수항이 이어서 또 영의정을 한다고 해서 쓸데없이 왈가왈부할 필요가 없다는 말이다.

김수흥과 김수항 형제는 둘 다 《표준국어대사전》에 이름이 올라 있을 만큼 당대에 명성을 누린 사람들이다. 형인 김수흥은 과거를 통해 벼슬자리에 오른 뒤 승승장구하여 대신중 최고의 자리인 영의정에 올랐고 이어 동생인 김수항도 영의정을 지냈다. 그러니 두 형제의 출세에 대해 시기 어린 눈

총들이 있었음을 짐작할 수 있다.

나란히 최고의 권력을 누렸던 두 형제의 운명은 어땠을까? 서인에 속했던 김수흥은 남인이 집권한 뒤 지금의 포항인 경상북도 장기(長鬐)로 유배당했다가 이듬해 그곳에서 죽었다. 동생인 김수항은 더 비참한 운명을 맞이해야 했으니, 같은 해에 형과 함께 유배당해서 진도로 갔다가 곧바로 사약을 받고 죽었다. 형보다 1년 앞서 죽은 셈이다. 아무리 권세가 높았어도 말년은 그렇게 허무한 몰락으로 끝을 맺고 말았다. 열흘 동안 붉은 꽃 없다는 '화무십일홍(花無十日紅)'이라는 말을 떠올리게 하는 사례다.

'흥이야항이야'를 줄여서 '흥야항야'라고도 하며 이 말도 표제어에 있다. 요즘은 쓰는 사람이 드물지만 예전에는 제법 널리 쓰이던 말이었다.

▶ 안해는 허구한 날 황고집을 피우면서 흥이야항이야 쓸데없는 일에까지 입살이 세다.
▶ 그리고 두터운 아래 입술을 내민 얼굴이 분명 넌 무슨 관계로 남의 일에 흥야항야 하는 거냐고 빈정대는 표였다.

첫 번째 문장은 1938년에 이효석이 〈동아일보〉에 연재한 단편소설 〈막(幕)〉에 나오는 구절이다. 그리고 두 번째 문장은 같은 해에 현덕이 〈조선일보〉에 연재한 단편소설 〈경칩 (驚蟄)〉에 나오는 구절이다. 단순한 수다 떨기를 넘어 남의 일에 오지랖 넓게 끼어들지 말라는 투로 하는 말들이다.

대충대충과

흐지부지

우리말 중에는 한자어에서 비롯했으나 점차 어원 의식이 희박해져 순우리말처럼 된 것들이 있다. 그런 말 중 하나가 '대충'이다. 《표준국어대사전》에서 '대충'을 찾으면 어원이 '대총(大總)'이라고 나오고, '대총(大總)'을 찾으면 '대충의 원말'이라고 풀이해놓았다.

대충대충 일이나 행동을 적당히 하는 모양.

《표준국어대사전》의 풀이인데, "대충대충 넘어가다", "일을 대충대충 끝내다"와 같은 예문을 제시했다. 그런 다음 비슷한 말로 '대강대강(大綱大綱)'이 있다고 했다. '대강대강'은 여전히 한자어로 인식되고 있다는 얘기다.

〈우리말샘〉에는 '대충'에 대한 '역사 정보'가 실려 있는데, 아래와 같은 내용으로 되어 있다.

▶ 현대 국어 '대충'의 옛말인 '대총'은 18세기 문헌에서부터 나타난다. '대총'은 한자어 '대총(大總)'의 한글 표기이다. 20세기 이후 '대총'의 제2음절 모음 'ㅗ'가 'ㅜ'로 변화하여 '대충'으로 나타나 현재에 이르렀다.

의태어로 같은 사례 하나를 더 들면 아래 낱말이 해당한다.

<u>흐지부지</u> 확실하게 하지 못하고 흐리멍덩하게 넘어가거나 넘기는 모양.

역시 《표준국어대사전》에서 '흐지부지'를 찾으면 어원이 '휘지비지(諱之祕之)'로 되어 있다. '휘지비지'도 표제어로 등재되어 있으며, 아래와 같은 풀이를 달고 있다.

<u>휘지비지(諱之祕之)</u> 남을 꺼려 우물쭈물 얼버무려 넘김. 늑휘비.

풀이를 보면 '흐지부지'와 약간의 차이가 있긴 하나 거의

같은 내용이다. 줄임말은 '휘비(諱祕)'이며 이 말 역시 표제어로 등재되어 있다. "남을 꺼려"라는 풀이가 달린 이유는 한자 '휘(諱)'가 '꺼리다'라는 뜻을 지니고 있기 때문이다. 하지만 '휘지부지'라는 말은 '흐지부지'에 밀려 지금은 거의 사용하지 않는 낱말이 되었다. '휘지부지'가 생명력을 잃으며 흐지부지 사라져버린 셈이라고나 할까?

〈우리말샘〉에는 '흐지부지'의 지역 방언으로 '시지부지', '히지부지' 같은 것들을 싣고 있다. 해방 전인 1938년에 문세영이 편찬해서 펴낸 《조선말사전》에는 표제어에 '휘지부지'가 실려 있을 뿐 '흐지부지'는 없었다. 그 후 조선어학회의 후신인 한글학회가 해방 후에 펴낸 《우리말 큰사전》에 비로소 '흐지부지'가 표제어로 나온다. 그런데 풀이 뒤에 괄호를 열고 '시지부지'와 '히지부지'를 덧붙여놓았다. 두 낱말이 지금은 방언으로 처리되고 있지만, 그 무렵까지만 해도 '시지부지'와 '히지부지'가 함께 쓰이고 있었음을 방증하는 사례다. 실제로 1920년대부터 해방 전까지 나온 신문들을 보면 두 낱말이 꽤 자주 등장하는 걸 알 수 있다.

▸ 웬일인지 고소는 시지부지되여 바렷다.(〈조선일보〉, 1924. 5. 27.)

▸ 가야금, 거문고 가튼 것을 문과 학생들이 련습을 하드니 근일

에는 히지부지된 모양입니다.(〈조선일보〉, 1929. 3. 20.)

옛 문헌들을 보면 두 낱말과 함께 '휘지부지'와 '흐지부지' 역시 당시에는 폭넓게 사용되었음을 확인할 수 있다. 결국 '휘지부지(諱之秘之)'라는 한자어가 사람들 사이에서 여러 형태로 변형되어 사용되다가 '흐지부지'로 정착되었다는 얘기다.

'흐지부지'와 비슷한 의미를 가진 의태어 몇 개가 국어사전 안에 있다.

흑죽학죽 일을 정성껏 하지 아니하고 되는대로 어름어름 넘기는 모양.

어감이 재미있게 다가오는 낱말이다. 풀이에 나오는 '어름어름'도 비슷한 뜻을 지니고 있다.

어름어름 1. 말이나 행동을 똑똑하게 분명히 하지 못하고 우물쭈물하는 모양. 2. 일을 대충 적당히 하고 눈을 속여 넘기는 모양.(작은말: 아름아름)

이 말들은 또 '어물쩍'과 통하기도 한다.

어물쩍 말이나 행동을 일부러 분명하게 하지 아니하고 적당히 살짝 넘기는 모양.

우두커니와

물끄러미

요즘 '불멍'이니 '물멍'이니 하는 말을 쓰는 이들이 많다. '불멍'은 불을 바라보며 멍하니 있는 걸 뜻하고 '물멍'은 그런 대상이 물일 때 쓴다. 복잡한 현대사회를 살다 보면 머릿속마저 복잡해지기 쉬운데 어떤 대상을 그저 멍하니 바라보고 있노라면 생각이 비워지면서 마음이 편안해진다고 한다. 그래서 아예 '명상'이라는 말 대신 '멍상'이라는 말을 쓰는 이들도 있다.

멍하니 바라보는 모양을 뜻하는 말로 '우두커니'와 '물끄러미'가 있다. 우선 '우두커니'부터 살펴보자.

우두커니 넋이 나간 듯이 가만히 한자리에 서 있거나 앉아
있는 모양.

모든 낱말은 아무런 까닭 없이 저절로 툭 튀어나와 생기지 않는다. 밑바탕이 되는 뿌리가 있거나 비슷한 말이 가지를 쳐서 새로운 말을 만들어내는 게 일반적이다. 그렇다면 '우두커니'라는 말은 어디서 왔을까? 자료를 찾다 보니 어떤 이는 소의 머리를 뜻하는 우두(牛頭)에서 온 게 아닌가 하는 짐작을 내놓기도 했다. 소가 머리를 들어 들판 너머 혹은 먼 산을 바라보는 모습을 연상했음 직하다. 하지만 그런 주장은 그다지 신뢰가 가지 않는 막연한 추론으로 보인다.

〈우리말샘〉에 '우둑'이 나온다.

우둑 [옛말] '우뚝'의 옛말.

나는 여기 나오는 '우둑'이 '우두커니'의 뿌리를 이루는 말일 거라고 본다. 그렇게 보는 이유로 비록 국어사전에 '우둑하다'라는 말은 나오지 않지만, 오래전부터 많은 이가 '우둑하니'라는 말을 써왔음을 확인했기 때문이다.

▸ 연사가 말을 하지 못하고 우둑하니 섯는 활극이 다 이러낫섯는데…(〈조선일보〉, 1923. 1. 5.)
▸ 길 우에 우둑하니 서서 한참 동안 생각하다가 그는 발길을 돌으키엇다.(〈동아일보〉, 1928. 7. 17.)

두 개만 끌어왔지만 옛 신문을 보면 '우둑하니'라는 말이 꽤 많이 나온다. 문맥을 살펴볼 때 앞 문장들에 쓰인 '우둑하니'는 '우두커니'와 거의 같은 뜻으로 사용되었음을 알 수 있다. 그뿐만 아니라 인터넷 검색을 해보면 최근에 쓴 문장들에도 '우둑하니'라는 말이 자주 등장한다. '우둑하니'보다는 적지만 '우둑하게'라는 말을 쓴 것도 종종 보인다. 그렇게 볼 때 '우두커니'는 우뚝 서서 생각에 잠기는 모습에서 온 말일 것으로 짐작된다. 준말 형태인 '우두키'는 '우두커니'의 비표준어라고 되어 있는데, 옛글들에는 '우둑히'라고 쓴 것도 많이 보인다.

우두망찰 정신이 얼떨떨하여 어찌할 바를 모르는 모양.(동의어 : 우두망절)

정신이 얼떨떨하면 그냥 우두커니 서 있을 도리밖에 없다. 그러므로 두 낱말은 필시 '우두커니'에서 갈라져 나왔을 것이다. 이 말들은 또 어떻게 해서 생겼을까? 망찰을 '바랄 망(望)'과 '살필 찰(察)'에서 왔을 것으로 추측하는 이들이 있다. 뚜렷한 근거가 있는 건 아니지만 충분히 그런 식으로 추론해볼 만하다는 생각이 든다. '망찰(望察)'이 독립된 낱말로 존재하지는 않지만 누군가 그런 말을 만들어 썼을 가능성까지 배제할 수는 없다. 그래도 '우두' 뒤에 '망찰'이 붙은 까닭을 현재로서는 정확히 밝혀낼 수 없다.

이제 '우두망찰'과 '우두망절'의 관계에 대한 상상을 펼쳐보자. '우두망절'은 '우두망찰'에 비해 쓰인 예가 드물다. 내가 찾아본 자료에 한정해서 말한다면 '우두망찰'이라는 낱말이 처음 쓰인 건 홍명희의 대하소설《임꺽정(林巨正)》에서다. 홍명희는 우리말을 풍부하게 발굴해서 사용했던 작가로 유명하다. '우두망찰'이란 말도 아마 홍명희가 쓰기 이전부터 사용되고 있었을 것이다. 그러다가 누군가 '망찰'을 보고 절을 뜻하는 '사찰'을 떠올린 다음 '찰' 대신 '절'을 넣어서 말을 비틀어보고 싶다고 생각하지 않았을까? 그런 식으로 말놀이를 하는 경우는 무척 흔한 편이기 때문이다.

이제 '물끄러미'라는 말을 살펴볼 차례다.

물끄러미 우두커니 한곳만 바라보는 모양.

미리 말하자면 이 말에 대해서는 뚜렷한 견해를 밝히기 어렵다. 〈우리말샘〉의 '역사 정보'에는 이렇게 되어 있다.

▶ 믈거름(18세기) > 물그럼이/물그림이(19세기) > 물끄러미(20세기~현재).

그러면서 "현대 국어 '물끄러미'는 파생어로 보이지만 접미사의 형태는 물론 어근의 형태를 추정하기 어렵다"라는 설명을 덧붙였다.

'물끄러미'가 물과 관련되어 있을 거라는 추측만 해볼 뿐 나로서도 그 이상의 생각을 전개할 만한 자료나 근거를 갖고 있지 못하다. 다만 '물끄러미'의 작은말인 '말끄러미'가 있고, 다음과 같은 말이 국어사전에 담겨 있다는 사실을 전할 수 있을 뿐이다.

물끄럼물끄럼 자꾸 물끄러미 쳐다보는 모양.
물끄럼말끄럼 말없이 서로 물끄러미 보다가 말끄러미 보다가 하는 모양.

'우두커니'와 '물끄러미'는 비슷해 보여도 쓰임새는 분명한 차이가 있다. '우두커니'는 행위의 주체에 초점이 맞추어져 있다. 아무런 생각 없이, 혹은 무언가를 바라볼 생각도 하지 못한 채 멍하니 있는 상태를 나타낼 때 주로 쓴다. 설사 바라본다 해도 대상을 제대로 눈에 담지 못하는 상태를 나타내기에 적합한 말이다. 그에 반해 '물끄러미'는 바라보는 대상에 초점이 맞추어져 있다. 그래서 '우두커니'는 '서 있다'는 말과 주로 연결된다면, '물끄러미'는 '바라본다'는 말과 주로 연결되어 쓰인다.

참고

비슷한 뜻을 지닌 말로 '멀뚱멀뚱'이 있다.

멀뚱멀뚱: 1. 눈빛이나 정신 따위가 멍청하고 생기가 없는 모양.
2. 눈만 둥그렇게 뜨고 다른 생각이 없이 물끄러미 쳐다보는 모양.

왠지 답답해 보이는 느낌을 주는 말인데, 그에 반해 작은말인 '말똥말똥'은 생기가 도는 모습을 나타낸다. 그런데 '멀뚱멀뚱'에 다른 뜻을 나타내는 동음이의어가 하나 더 있다.

멀뚱멀뚱: 국물 같은 것이 건더기가 적거나 덜 끓어서 멀건 모양.

'팥죽에 물이 많아 멀뚱멀뚱 묽다'와 같은 식으로 쓰는 말이다.

4.

말과
소리를
나타내는
말들

찌르릉
찌르릉과

따르릉
따르릉

부천시 중앙공원에는 시비가 여럿 있는데, 그중에는 목일신이 작사한 동요 〈자전거〉 시비도 있다. 목일신이 부천시 범박동에서 오랫동안 살다 돌아가신 걸 기념해서 부천시가 세웠다. 목일신은 1930년대에 꽤 많은 동시를 발표했으나 이후 특별한 활동을 이어가지 않고 따로 동시집도 내지 않아 대중적으로 널리 알려지지 않았다. 그러다가 작품 전체를 모은 전집이 나오고 몇 년 전에는 목일신아동문학상이 제정되면서 새롭게 조명받고 있다. 참고로 노래는 김대현이 1933년에 작곡했다.

목일신이 〈자전거〉를 처음 발표했을 당시의 1연은 이렇게 되어 있었다.

찌르릉 찌르릉 비켜나셔요.

자전거가 나갑니다. 찌르르르릉.

저기 가는 저 영감 꼬부랑 영감.

어물어물하다가는 큰일납니다.

많은 이가 알고 있는 가사와 여러모로 다르다는 게 눈에 띈다. '찌르릉 찌르릉'은 '따르릉따르릉'이 되었고, '저 영감 꼬부랑 영감' 대신 '저 사람 조심하세요'로 바뀌었다. 해방 후에 이 노래가 교과서에 실리면서 가사가 바뀌었는데, 목일신의 의사와는 무관한 개작이어서 나중에 목일신이 속상해했다는 얘기가 전한다. 이 노래는 내용 때문에 비판을 받기도 했다. 자전거가 사람을 피해 가는 게 아니라 사람이 자전거를 피해 가라고 했다는 점과 함께 '영감'이라는 말 때문에 노인을 비하하는 것 아니냐는 게 비판의 핵심이었다. 일리 있는 지적이긴 한데, 이와 무관한 '찌르릉 찌르릉'은 왜 '따르릉따르릉'으로 바꾼 걸까? 당시에 가사를 바꾼 사람이 누군지 알려지지 않아 확인해볼 길이 없다.

국어사전 안에는 두 낱말이 나란히 실려 있다.

찌르릉찌르릉 초인종이나 전화벨 따위가 자꾸 울리는 소리.

따르릉따르릉 전화벨이나 자명종 따위가 자꾸 울리는 소리.

《표준국어대사전》의 풀이인데, 《고려대한국어대사전》
에는 '따르릉따르릉'의 풀이에 전화벨과 자명종 소리에 이어
자전거 벨 소리가 추가되어 있다. 소리를 문자로 완벽하게 재
현할 수는 없다. 따라서 의성어는 비슷한 음운을 끌어와 표현
할 수밖에 없으며, 그 과정에서 등장한 다양한 이형태들 중에
서 다수의 지지를 받은 표현이 살아남기 마련이다. '찌르릉
찌르릉'과 '따르릉따르릉'이 경합하다 '따르릉따르릉'이 한
판승을 거둔 결과인 셈이라고나 할까? 그렇게 된 이유는 아
무래도 '따르릉따르릉'이 더 경쾌한 어감으로 사람들에게 다
가갔기 때문이었을 것이다. 낱말의 운명은 처음에 어떤 과정
을 통해 만들어지고 어느 게 먼저 나왔는지 하는 것들과 상관
없이 시간이 지나면서 우세종이 살아남는 경쟁 관계에 놓여
있다. 그리고 그 운명을 결정하는 건 문법학자나 국어사전 편
찬자들이 아니라 직접 말을 사용하는 언중이다. 그래도 '찌르
릉찌르릉'은 목일신 선생 덕분에 국어사전 한 귀퉁이나마 차
지할 수 있었다.

서울시에서 시민들에게 제공하는 공공자전거 이름이 '따
릉이'이다. '따르릉따르릉' 대신 목일신이 사용했던 '찌르릉
찌르릉'이 오래도록 살아남았다면 '따릉이' 대신 '찌릉이'가
됐을지도 모를 일이다. 목일신의 동시 〈자전거〉 2연에는 "오
불랑 꼬불랑 고개"라는 표현이 나오는데, 목일신이 만들었

148

을 것으로 짐작되는 '오불랑'이라는 말은 진작에 사라졌으며, '꼬불랑' 대신 '꼬부랑'이 표준어로 국어사전에 실려 있다.

'따르릉'과 '찌르릉'도 별도 표제어로 국어사전에 등재되어 있으며, '따릉'과 '찌릉', '따릉따릉'과 '찌릉찌릉'은 북한말로 분류해놓았다. 최근에는 '띠리링'이나 '띠링띠링' 같은 말도 많이 쓰고 있으나 이 말들은 아직 국어사전의 부름을 받지 못하고 있다.

왕배야

덕배야

방송에서 가끔 재미있거나 낯선 우리말을 찾아서 다루곤 한다. 아래 낱말도 그렇게 해서 사람들에게 알려졌는데, 사회자가 낱말을 제시하고 출연자들에게 뜻을 물었으나 다들 제대로 된 답을 내놓지 못했다.

왕배야덕배야 [감탄사] 여기저기서 시달려 괴로움을 견딜 수 없을 때 부르짖는 소리. [부사] 여기저기서 시끄럽게 시비를 따지는 소리.

왕배와 덕배는 필시 사람 이름에서 가져왔을 것이다. '왕배'와 '덕배'가 특정한 뜻을 지닌 낱말로 존재하지 않기 때문이다. 시대에 따라 선호하는 이름이 달라서 예전에는 남자 이름으로 철수와 영철이, 여자 이름은 영희와 순이 같은 것들이 많았다. 그전에는 돌쇠나 바우, 이뿐이나 언년이처럼 아무렇게나 대충 붙인 이름도 많았다. 그런 이름들 가운데 왕배와 덕배 같은 것도 있었을 법한데, 촌스러운 듯하면서도 정겨움이 묻어나는 이름들이다.

'왕배야덕배야'는 감탄사로 쓰이기도 하고 부사인 의성어로 쓰이기도 하는데, 《표준국어대사전》은 각각 다음과 같은 예문을 제시해놓았다.

> ▸ 아이고 왕배야덕배야, 중간에서 나만 죽겠네.
> ▸ 우리가 정읍으로 이사를 간 것은 사건이 지난 지 이미 오래인데도 많은 사람들이 경주네 집에 얽힌 일과 새로운 소문을 놓고 왕배야덕배야 떠들며 한창 열을 올리던 때였다.

두 번째 예문은 윤흥길의 소설 《황혼의 집》에서 가져왔다. '왕배야덕배야'를 줄여서 '왕배덕배'라고도 하는데, 이 말은 감탄사의 뜻은 없고 부사로만 쓰인다.

__왕배덕배__ 이러니저러니 하고 시비를 가리는 모양.

이 말을 누가 처음으로 만들어서 퍼뜨렸는지 모르겠지만 재미있는 표현이라고 생각해서 많은 이가 받아서 쓰기 시작했을 것이다. 왕배라는 이름을 가진 사람과 덕배라는 이름을 가진 사람이 서로 네가 옳으니 내가 옳으니 하며 다투는 모습이 연상되어 빙그레 웃음을 베어 물게 만드는 낱말이다.

이 낱말과 비슷한 뜻을 지닌 것들이 있다.

아옹다옹 대수롭지 아니한 일로 서로 자꾸 다투는 모양.
옥신각신 서로 옳으니 그르니 하며 다투는 모양.
올근볼근 서로 사이가 틀어져서 맞서서 잘 다투는 모양.
티격태격 서로 뜻이 맞지 아니하여 이러니저러니 시비를 따지며 가리는 모양.

'아옹다옹'보다 느낌이 큰 말로 '아웅다웅', '올근볼근'보다 큰 말로 '울근불근'이 표제어로 등재되어 있다. '티격태격'보다 느낌이 큰 말은 없으며, '티격'은 명사로 "서로 뜻이 맞지 아니하여 사이가 벌어져 이러니저러니 따지는 일"이라는 뜻을 지니고 있다.

한자어로는 '갑론을박(甲論乙駁)'이 '왕배덕배'의 뜻에 가깝다.

참고

'티격태격'과 비슷한 의미로 사람들이 많이 쓰는 말에 '투닥투닥'이 있다. 하지만 이 낱말은 국어사전 안에 없다. 대신 '투덕투덕'이 있는데, 일단 어떤 뜻인지부터 보자.

투덕투덕(1) : 잘 울리지 아니하는 물체를 잇따라 조금 세게 두드리는 소리. 또는 그 모양. '두덕두덕'보다 거센 느낌을 준다.
투덕투덕(2) : 얼굴이 살지고 두툼하여 복스러운 모양.

'투덕투덕'의 작은말은 '투닥투닥'이 아니라 '토닥토닥'이다. 서로 가볍게 다투는 모양을 뜻하는 말로 사용하는 '투닥투닥' 혹은 '투덕투덕'은 다음과 같이 신문에서도 찾아볼 수 있다.

▶ 직원들이 서로 투닥투닥 싸우다가도 '내가 언니 보고 산다. 형수 보고 산다'고 한다.(〈조선일보〉, 2023. 3. 4.)
▶ 여야는 투덕투덕하면서 항상 선거구 획정 법정 시한을 어겨 왔다.(〈문화일보〉, 2023. 1. 6.)

구글에서 두 낱말을 검색하면 '투닥투닥'은 약 114만 개, '투

153

덕투덕'은 약 4만 6천2백 개의 결과가 나온다. 비교가 의미 없을 정도로 '투닥투닥'이 압도적 우위를 점하고 있다. 그런데도 국어사전은 일상에서 흔히 사용하는 '투닥투닥'을 외면하고 있다.

책이나
글 읽는 소리를

나타내는
말들

듣기 싫은 소리가 있는가 하면 듣기 좋은 소리도 있다. 어떤 소리가 듣기 좋으면서 귀를 즐겁게 해줄까?

삼희성(三喜聲) 마음을 기쁘게 하는 세 가지 소리. 다듬이 소리, 글 읽는 소리, 갓난아이 우는 소리를 이른다.

이 세 가지 소리를 선택해서 퍼뜨린 사람이 누구인지 등의 출처가 알려지지 않은 말이다. 하지만 많은 이가 이와 같은 분류에 공감해서 삼희성(三喜聲)이라는 말이 지금까지 전해왔을 것이다. 그중 글 읽는 소리를 나타내는 말들을 알아보자.

예전에 글공부라고 하면 소리 내어 읽는 걸 기본으로 여겼다. 그래서 서당 앞에 가면 학동들의 글 읽는 소리가 서당 밖으로 흘러나왔고, 밖에서 그 소리를 들으며 부모들은 흐뭇한 웃음을 지었다. 하지만 시대가 바뀌어 지금은 눈으로 읽는 묵독(默讀)이 대세가 되었다. 그건 한문으로 된 글을 배워서 읽을 때와 한글로 된 글을 배워서 읽을 때의 차이일 수도 있다. 한문으로 된 글은 일단 글자를 모르니 스승이 읽는 대로 따라 읽어야 하고, 계속 읽어서 외워야 하므로 소리를 내어 입에 붙도록 해야 했다.

글을 읽을 때 내는 소리를 뜻하는 낱말들이 국어사전 안에 있는데, 약간 의외라고 느끼는 이가 많을 듯하다.

<u>왱왱</u> 맑고 높은 소리로 막힌 데 없이 글을 읽는 소리.
<u>웽웽</u> 크고 높은 목소리로 막힌 데 없이 글을 읽는 소리.

'왱왱'이나 '웽웽'이라고 하면 대개 모기가 날아드는 소리를 떠올리기 마련이다. 실제로 두 낱말은 동음이의어로 '작은 날벌레나 돌팔매 따위가 잇따라 빠르게 날아가는 소리'를 뜻하기도 한다. 그런 소리가 왜 글을 읽는 소리로 쓰이게 됐는지 알 길은 없으나 예전 사람들이 쓴 글을 보면 실제 용례가 발견된다.

▸ 만수향을 피워놋코 글을 왱왱 위이고 잇슴니다.(〈동아일보〉, 1925. 8. 10.)

육당 최남선을 찾아가 근황을 전하는 기사의 한 대목이다. 이 기사뿐만 아니라 다른 글들에서도 같은 용례로 쓰인 것을 찾아볼 수 있다. 모기 같은 날벌레가 나는 소리로 '윙윙'도 표제어에 있으나 이 말에는 글 읽는 소리라는 뜻이 없다.

댕글댕글 책을 막힘없이 줄줄 잘 읽는 소리. 또는 그 모양.
뎅글뎅글 책을 막힘없이 죽죽 잘 읽는 소리. 또는 그 모양.

이 낱말들도 마찬가지로 뜻을 알기 전에는 책 읽는 소리를 연상하기 힘들다. 억지로 연결해보자면 두 낱말은 어감상 무언가가 굴러가는 느낌을 받게 되는데(검색해보면 그런 의미로 '댕글댕글'을 쓴 글을 쉽게 만날 수 있다), 그게 책을 읽을 때 혀를 잘 굴리는 소리나 모양을 떠올리게 만든 건 아닐까 싶은 생각도 든다.

그런 생각을 잠시 밀쳐두고 다음 낱말들을 보자.

댕갈 조금 떨어진 곳에서 나는 맑고 높은 소리. 또는 그 모양.
댕갈댕갈 조금 떨어진 곳에서 잇따라 나는 맑고 높은 소리.

또는 그 모양.

뎅겅뎅겅 벽이나 문을 사이에 둔 곳에서 나는 여러 사람의 떠
드는 소리. 또는 그 모양.

'댕갈'과 '댕갈댕갈'이 함께 표제어에 있지만 '뎅겅'은 홀
로 쓰이지 않는다. '댕글댕글'과 '댕갈댕갈'은 확실하게 유사
성이 있다. 소리도 그렇거니와 뜻도 그렇다. 그렇다면 '댕갈
댕갈'은 어디서 왔을까 하는 의문이 다시 찾아든다. 종소리
를 나타내는 말로 '댕댕'을 많이 쓰지만 아래 낱말들도 자주
쓴다.

댕그랑 작은 쇠붙이, 방울, 종, 풍경, 워낭 따위가 흔들리거나
부딪칠 때 나는 소리.

뎅그렁 큰 쇠붙이, 방울, 종, 풍경, 워낭 따위가 흔들리거나 부
딪칠 때 나는 소리.

'댕갈댕갈'과 '댕글댕글'은 '댕댕'과 '댕그랑'에서 갈라져
나왔을 거라는 게 내 판단이다.

어린아이가 책 읽는 소리를 표현할 때 목소리가 또랑또
랑하다는 표현을 많이 사용한다. '또랑또랑'은 알아도 '조랑
조랑'이라는 말이 있다는 걸 아는 사람은 드물다.

조랑조랑 어린 사람이 계속하여 똑똑하게 글을 외거나 말을 하는 소리.

이번에는 또랑또랑하지 못한 소리를 나타내는 낱말들을 알아보자.

응얼응얼 1. 글이나 노래 따위를 자꾸 입속말로 읽거나 읊는 소리. 또는 그 모양. 2. 남이 알아듣지 못할 말을 자꾸 입속으로 지껄이는 소리. 또는 그 모양. 3. 불평 따위를 자꾸 입속말로 중얼거리는 소리. 또는 그 모양.

첫 번째 풀이가 글을 읽는 소리를 나타내는데, 비슷한 말인 '웅얼웅얼'에는 그런 풀이가 없다. 하지만 실제로는 '웅얼웅얼'도 그런 용법으로 쓰이고 있다. 같은 계열의 '흥얼흥얼'은 노래할 때 주로 쓰는 낱말이다.

책을 줄줄 읽어가는 '댕글댕글'과 반대되는 말로는 '떠듬떠듬'이 있으며, 작은말은 '따듬따듬'이고 여린말은 '더듬더듬'이다. 같은 계열의 말로 다음과 같은 것도 있다.

떠듬적떠듬적 말을 하거나 글을 읽을 때 자꾸 느릿느릿하

게 더듬는 모양. '더듬적더듬적'보다 센 느낌
을 준다.

<u>뜨덤뜨덤</u> 1. 글을 서투르게 자꾸 읽는 모양. 2. 말을 느리게
한마디씩 던지거나 더듬거리며 자꾸 말하는 모양.

'띄엄띄엄'이라는 말에도 책이나 글과 관련한 풀이는 없
지만 실생활에서는 '책을 띄엄띄엄 읽는다'처럼 쓰고 있다.
'말이나 글씨 따위가 애매하거나 흐리지 않고 똑똑하고 분명
한 모양을 나타내는 말'이라는 뜻을 지닌 '또박또박'도 책을
읽는 모양을 나타내는 말로 자주 쓰인다. 그런가 하면《고려
대한국어대사전》에만 실린 낱말도 있다.

<u>따북따북</u> 한 토막씩 똑똑하게 말을 하거나 글을 읽는 모양
을 나타내는 말.

'따박따박'이라는 말을 쓰는 이들도 있지만 이 말은 경북
지방의 방언으로 분류되어 있다.

개코쥐코와

씩둑꺽둑

수다를 떤다는 말은 부정적 의미로 쓰일 때가 많지만 최근에는 수다에 긍정적인 의미를 부여하자는 흐름도 생겨나고 있다. 마음에만 담아둔 말을 끄집어냄으로써 같은 처지에 있는 이들끼리 감정을 공유하며 유대 관계를 다지는 데 수다가 효과적인 수단이 될 수 있다는 얘기다. 수다를 떨 때는 거창한 이야기보다는 대체로 소소한 이야기를 주제로 삼는다. 소소한 이야기라고 해서 무가치한 건 아니고, 사람들이 일상생활에서 나누는 이야기의 대부분은 그런 유형에 속한다. 쓸데없어 보이는 게 실은 생활의 윤활유 역할도 하기에 어떤 일의 가치를 함부로 판단할 일은 아니다.

개코쥐코 쓸데없는 이야기로 이러쿵저러쿵하는 모양.

풀이에 나오는 '이러쿵저러쿵'의 작은말은 '요러쿵조러쿵'이다. 유의어로 '어쩌고저쩌고'와 '이러니저러니' 같은 말도 표제어로 올라 있다. '개코쥐코'와 관련해서 《표준국어대사전》이 제시한 예문은 김유정의 단편소설 〈만무방〉에 나오는 구절이다.

▶ 기껏 둘이 앉아서 개코쥐코 떠들다가 갑자기 일어서니까 꽤 이상한 모양이었다.

'개코쥐코'가 '개코'와 '쥐코'를 결합하여 만든 말임은 분명해 보이는데, 왜 이러쿵저러쿵 떠드는 모양을 뜻하게 됐을까? '이러쿵저러쿵'은 이건 이러하고 저건 저러하다며 말을 늘어놓는 걸 말한다. 그렇다면 개코는 이것에 해당하고 쥐코는 저것에 해당하는 식으로 짝을 지어볼 수 있겠다. 쓸데없는 이야기라고 했으므로 그런 식으로 짝을 지을 때 꼭 필요하거나 중요한 게 그 자리에 놓이면 안 된다. 그래서 선택한 게 누구나 하찮다고 여길 만한 개코와 쥐코가 아니었을까 싶다.

개코는 냄새를 잘 맡는 코를 비유하기도 하지만 하찮고 보잘것없는 것을 이르는 말로도 사용된다. 그래서 흔히 '개코 같은 소리는 집어치워' 같은 식으로 쓴다. 개코에 비해 쥐코는 한결 보잘것없는 존재다. '개코가 나으니 쥐코가 나으니' 하는 식으로 떠들거나 '개코도 모르고 쥐코도 모르면서' 떠드는 모양을 상상하노라면 입가에 절로 웃음이 일지 않겠는가.

'쥐코'는 독립적으로는 잘 쓰이지 않지만 다음과 같이 다른 말에 붙어 하찮음을 나타내는 역할을 한다.

쥐코밥상 밥 한 그릇과 반찬 한두 가지만으로 아주 간단히 차린 밥상.

쥐코조리 마음이 좁아 옹졸한 사람을 놀림조로 이르는 말.

쥐꼬리가 작거나 적은 걸 가리키듯 쥐코 역시 마찬가지다. 쥐 자체가 몸집이 작은 데다 사람에게 환영받지 못하는 동물이므로 거기 붙은 코를 귀하게 대접할 까닭이 있을 리 없다.

'개코쥐코'보다는 그래도 일상생활에서 많이 쓰는 말이 '씩둑꺽둑'이다.

씩둑꺽둑 이런 말 저런 말로 쓸데없이 자꾸 지껄이는 모양.

《표준국어대사전》은 홍명희의 대하소설 《임꺽정》에 나오는 구절을 예문으로 제시했다.

▶ 배돌석이와 길막봉이는 마주 누워서 이런 소리 저런 소리를 서로 씩둑꺽둑 지껄이고….

'씩둑'과 '씩둑씩둑'도 같은 의미를 담은 말로 표제어에 올라 있다. 그에 반해 '꺽둑'은 말을 지껄이는 뜻과는 직접 관련이 없다.

<u>꺽둑꺽둑</u> 단단한 물건을 자꾸 대중없이 크게 써는 모양.

'꺽둑꺽둑'의 작은말은 '깍둑깍둑'이고, '깍두기'라는 말이 여기서 나왔다. '씩둑' 다음에 끌어다 붙인 '꺽둑'은 위의 '꺽둑꺽둑'의 뜻과 상관없이 단지 운을 맞추기 위해 적당히 고른 말일 것이다. '씩둑깍둑'이라고 쓰는 사람들이 제법 눈에 띄는데, 이 말은 비표준어로 분류되어 있다.

두 낱말의 뜻과 약간의 거리는 있지만 비슷한 성격의 낱말 하나를 소개한다.

<u>떠죽떠죽</u> 1. 잘난 체하고 자꾸 되지못한 소리로 지껄이는 모양. 2. 자꾸 싫은 체하며 사양하는 모양.

많이 쓰는 말은 아니지만 《표준국어대사전》은 다음과 같

은 예문을 제시했다.

▸ 한 번 일 등을 했다고 떠죽떠죽 잘난 체하는 꼴이 여간 얄미운
게 아니다.

불평과
불만을

나타내는
말들

듣기 좋은 소리도 한두 번이라는 말이 있다. 그런데 듣기 좋은 소리도 아닌 말을 자꾸 늘어놓는 사람이 곁에 있다면 어떨까? 더구나 그게 불평이나 불만을 쏟아내는 말들이라면 함께 있는 시간이 괴로울 건 뻔한 이치다. 말을 하더라도 내가 하고 싶은 말이 아니라 상대가 듣고 싶어 하는 말을 할 줄 아는 지혜가 필요하다. 하지만 그런 지혜는커녕 눈치마저 없는 사람들도 있기 마련이다. 불평과 불만을 늘어놓는 모습을 가리킬 때 가장 많이 쓰는 말이 '투덜투덜'이다.

투덜투덜 남이 알아듣기 어려운 정도의 낮은 목소리로 불평을 자꾸 하는 모양. '두덜두덜'보다 거센 느낌을 준다.

풀이에 나오는 '두덜두덜'이라는 표현을 쓰는 사람을 요즘은 찾아보기 힘들지만 오래전 글들에는 용례가 제법 있다. 1950년대 이전에는 '투덜투덜'보다 '두덜두덜'을 쓴 글이 더 많이 보인다. 우리말은 중세에서 근대를 거쳐 현대로 넘어오면서 경음화와 격음화가 강해지는 경향을 보였다. '고'가 '코'로 변하고, '불휘'가 '뿌리'가 된 사례 등이 그렇거니와 '힘이 세다'라고 할 때의 '세다'를 많은 사람이 '쎄다'로 발음하는 현상을 보아도 그렇다. 그래선지 몰라도 '투덜투덜'의 변이형은 보이지 않지만 '두덜두덜'의 변이형은 다음과 같이 여러 개가 국어사전에 표제어로 등장한다.

<u>구두덜구두덜</u> 못마땅하여 혼자서 몹시 군소리를 하는 모양.
<u>게두덜게두덜</u> 굵고 거친 목소리로 자꾸 불평하는 모양.
<u>엉두덜엉두덜</u> 원망이나 불만이 있어 남이 알아듣기 어려울 정도의 낮은 목소리로 자꾸 불평을 하는 모양.

'두덜두덜'의 센말인 '뚜덜뚜덜'도 표제어에 있지만 위 세 낱말을 포함해 지금은 쓰는 사람이 거의 없고 '투덜투덜' 하나만 남아서 다들 어디로 사라진 거냐며 혼자 투덜거리고 있는 형국이다. 그럴 때 쓰기에 적합한 말 하나가《표준국어대사전》에 있다.

곰투덜 혼자서 투덜거리는 일.

뜻이 비슷한 말이 국어사전 안에 여러 개 있다.

종달종달 불만스러운 태도로 자꾸 종알거리는 소리. 또는 그
모양.(큰말: 중덜중덜)

옹잘옹잘 불평이나 원망, 탄식 따위를 입속말로 혼자 계속 재
깔이는 소리. 또는 그 모양.(큰말: 웅절웅절)

꽁알꽁알 남이 잘 알아듣지 못하게 자꾸 좀스럽게 혼잣말
로 불만스럽게 말하는 소리. 또는 그 모양.(큰말:
꿍얼꿍얼)

이들 낱말 중에서 지금도 많이 쓰이는 건 '꽁알꽁알'과 '꿍
얼꿍얼' 정도다. 나머지 말들은 1930년대에 조선어학회가 표
준어 사정을 하기 위해 조사한 낱말들의 목록에는 있었으나
그 후 점차 소멸의 길로 접어들었다.

몇 개의 낱말을 더 보자.

계걸계걸 상스러운 말로 소리를 지르며 불평스럽게 자꾸 떠
드는 모양.

계정계정 불평을 품은 행동과 말을 자꾸 하는 모양.

깨죽깨죽 1. 자꾸 불평스럽게 종알거리는 모양. 2. 자꾸 음식을 먹기 싫은 듯이 되씹는 모양.(큰말: 께죽께죽)

씨우적씨우적 마음에 못마땅하여 입 속으로 자꾸 불평스럽게 말하는 모양.

찌그럭찌그럭 1. 자꾸 남이 듣기 싫도록 불평하는 모양.'지그럭지그럭'보다 센 느낌을 준다. 2. 대수롭지 아니한 일로 옥신각신하며 다투는 모양.'지그럭지그럭'보다 센 느낌을 준다.

맨 앞에 있는 '게걸게걸'과 관련해서는 흔히 '게걸스럽다'의 형태로 쓰이면서, 먹을 것을 몹시 탐내는 모습을 나타내는 말이 아니냐고 할 사람들이 있겠다.《표준국어대사전》은 앞에 나온 풀이만 제시하고 있으나《고려대한국어대사전》은 거기에 "먹을 것을 자꾸 탐내는 모양을 나타내는 말"이라는 뜻을 추가해놓았다. 지금은《고려대한국어대사전》이 제시하고 있는 두 번째 풀이로 '게걸게걸'을 많이 사용하지만 예전에는 첫 번째 뜻으로도 사용했다는 건《표준국어대사전》이 김유정의 단편소설〈두꺼비〉에 나오는 아래 구절을 예문으로 제시하는 걸 보면 알 수 있다.

▶ 안에서는 여전히 동이 깨지는 소리로 게걸게걸 떠들어댄다.

나불나불과

야불야불

'나불나불'은 다음과 같이 두 가지 뜻을 지니고 있다.

나불나불 1. 얇은 물체가 바람에 날리어 자꾸 가볍게 움직이는 모양. 2. 입을 가볍게 자꾸 함부로 놀리는 모양.

첫 번째 뜻으로는 '꽃잎이 바람에 나불나불 흔들린다'처럼 쓰면 된다. 이보다 어감을 크게 하려면 '너불너불'이나 '나풀나풀', '너풀너풀'을 쓰면 되는데, '나불나불'과 '너불너불'보다는 '나풀나풀'과 '너풀너풀'이 폭넓게 사용되고, 물체가 날리는 모습뿐만 아니라 나비처럼 날개 달린 곤충이 날아가는 모습을 묘사할 때도 많이 쓰고 있다.

두 번째 뜻으로 쓸 때의 큰말은 '너불너불'이다. 하찮은 물건이나 사람을 가리키는 '나부랭이'라는 말이 '나불나불'에서 왔으며, '너불너불'과 관련한 말로는 '너부랭이'가 아니라 '너부렁이'로 써야 한다.

'나불나불'을 현실 언어생활에서는 두 번째 뜻으로 사용하는 경우가 훨씬 많으며, '나불대다'와 '나불거리다'처럼 동사로 만들어 쓰기도 한다. '자꾸만 나불나불 지껄이는 친구의 목소리가 듣기 싫었다'처럼 쓰면 된다. 대체로 부정적인 어감을 동반하는 낱말이다.

'나불나불'은 많은 이가 사용하고 있지만 비슷한 뜻을 지닌 낱말로 '야불야불'이 있다는 건 모르는 이가 많다.

<u>야불야불</u> 입을 자주 놀려 잇따라 말하는 모양.

'나불나불'보다 더 경망스러운 느낌을 주는 낱말이다. 일상생활에서 널리 쓰이지는 않으며, 그래서인지 《표준국어대사전》에는 실려 있지만 《고려대한국어대사전》에는 빠져 있다.

▶ 너만은 입만 깨여서 야불야불 지꺼리고 다니는 게집애들의 유는 아니라고 난 생각했다.

이무영이 1935년 11월 19일 자 〈동아일보〉에 연재한 소설
《먼동이 틀 때》에 나오는 대목이다. 그 무렵의 다른 작가들
작품에도 더러 쓰인 것으로 보아 예전에는 자주 쓰던 말이었
으나 시간이 지나면서 '나불나불'에 자리를 내주고 뒤로 물러
나 앉은 듯하다.

국어사전에는 올라 있지 않지만 '야부리'라는 말을 쓰는
이가 많다. '야부리 깐다'처럼 쓰여서 비속어 느낌을 주는데,
대체로 허황하거나 되지도 않는 말을 늘어놓을 때 쓰는 표현
이다. 이 말이 어디서 왔는지는 확실하지 않다. 어떤 이는 '야
살스럽고 되바라진 태도. 또는 그런 말씨'를 뜻하는 '야발'
에서 온 게 아니냐고 말한다. 그럴듯한 추론이다. 하지만 나
는 '야불야불'에서 온 게 아닐까 하고 생각할 때가 있다.

'야불야불'과 비슷한 뜻을 지닌 낱말이 있다.

<u>야슬야슬</u> 입담 좋게 잇따라 말을 늘어놓는 모양.

'야불야불'과 차이점이 있다면 '야슬야슬'에는 입담이 좋
다는 뜻이 더 들어갔다. 하지만 실제 쓰임새에서는 별 차이
가 없다. '야슬야슬'을 늘인 '야스락야스락'도 표제어에 있다.

'야불야불'과 소리와 뜻이 비슷한 낱말로 '야물야물'이 있다.

야물야물 1. 어린아이나 염소, 토끼 따위가 무엇을 먹느라고 잇따라 입을 귀엽게 움직이는 모양. 2. 입을 경망스럽게 잇따라 놀리는 모양.

첫 번째 뜻과 통하는 낱말로 '오물오물'이 있다는 건 금방 떠올릴 수 있다. 두 번째 뜻으로는 자주 쓰이지 않는 편인데,《표준국어대사전》은 다음과 같은 예문을 제시했다.

▶ 달린 입이라고 함부로 야물야물 지껄이지 마라.

오래된 신문에 다음과 같은 구절이 나오는 걸로 보아 예전에는 더러 쓰임새가 있던 말이었음을 알 수 있다.

▶ 사람에도 별사람이 다 있어서 촉새처럼 입만 야물야물 놀리는 자가 있는가 하면….(〈조선일보〉, 1973. 3. 6.)

나는
소리

문둥이 시인으로 알려진 한하운의 대표 시 중 하나인 〈보리피리〉 첫 연은 이렇다.

보리피리 불며
봄 언덕
고향 그리워
피-ㄹ 닐니리.

한편 1957년에 탁소연이 작사하고 나화랑이 작곡해서 크게 유행했던 〈닐리리 맘보〉라는 노래가 있다. 그 후 다른 가수들이 리메이크하면서 애초의 제목에 있던 표준어 '닐리리' 대신 '닐리리'로 바꾸어 표기하기 시작했다.

한하운의 시에 나오는 '피-ㄹ'도 보리피리 소리를 나타내고자 한 의성어일 테지만 '피'로 시작하는 피리 소리 의성어는 국어사전 안에 없다. 대신 아래 낱말이 있다.

> 삘리리 피리 따위를 한 번 불어 내는 리듬 있는 소리를 나타
> 내는 말.
> 삘리리삘리리 피리 따위를 흥겹게 부는 소리.

《표준국어대사전》은 '삘리리삘리리'만 싣고 있으며,《고려대한국어대사전》은 둘 다 싣고 있다. 송창식의 노래에〈피리 부는 사나이〉가 있다. 이 노래에서는 피리 소리를 '삘릴리'로 표현하고 있다. 의성어는 맞춤법 규정과 상관없이 얼마든지 만들어 쓸 수 있으므로 국어사전에 나오는 표기와 다르다고 해서 문제가 되지는 않는다.

'삘리리'보다 짧게 내는 소리는 어떻게 표현했을까?

> 삐 1. 피리나 호드기 따위를 불 때 나는 소리. 2. 벨이나 호출
> 기 따위의 신호음이 울리는 소리. 3. 어린아이가 듣기 싫
> 게 찌르듯이 우는 소리.
> 빼 1. 피리, 호드기 따위를 불 때 나는 소리. 2. 어린아이가 듣

기 싫게 우는 소리.

　호드기는 버드나무 가지 껍질이나 보릿짚 혹은 밀짚을 짧게 토막 내서 만든 피리를 말한다. '삐'와 '빼'를 연속으로 내는 '삐삐'와 '빼빼'도 표제어에 있다. 이들과 함께 '삐'와 '빼'를 합친 의성어도 있다.

<u>삐빼</u> 1. 피리나 호드기 따위를 불 때 나는 소리. 2. 어린아이의 높고 가느다란 울음소리.

　독특한 낱말을 만났다 싶겠지만 이어서 소개할 낱말은 더욱 낯설게 다가오지 않을까 싶다.

<u>빠드득</u> 1. 장난감 피리 따위를 부는 소리. 2. 단단한 물건이 빠듯한 틈에 끼여 세게 문질리는 소리.(첩어: 빠드득빠드득)

<u>삐드득</u> 1. 장난감 피리 따위를 세게 부는 소리. 2. 단단한 물건이 뿌듯한 틈에 끼여 매우 세게 문질리는 소리.(첩어: 삐드득삐드득)

　'뺘'로 시작하는 우리말이 드문 편이라 '빠드득'이 독특하

게 들릴 수 있겠다. 진짜 피리가 아닌 장난감 피리가 내는 소리라서 그렇게 표현했겠지만 실제 음과 크게 부합하는 느낌을 주지는 않아 두 번째 풀이에 나와 있는 뜻으로 더 많이 쓰인다.

피리 소리를 나타내는 말 하나를 더 소개한다.

왜뚜 피리나 뿔 나팔 따위를 부는 소리.

누군가는 이런 의성어를 썼으니 국어사전에 올랐겠지만 뜻풀이 외에 용례가 나와 있지 않은 것으로 보아 널리 쓰이던 의성어는 아니었던 모양이다.

나팔 소리와

경적 소리

1930년대에 김성도가 작사, 작곡한 〈어린 음악대〉라는 동요가 있다.

따따따 따따따 주먹손으로
따따따 따따따 나팔 붑니다.

1절의 앞부분이다. 나팔 소리로 '따따따'를 여러 번 반복함으로써 흥겨움과 리듬감을 살리고 있다. 이 동요 덕분에 나팔 소리라고 하면 '따따따'를 떠올릴 수 있게 되었다.

<u>따따따</u> 나팔을 부는 소리.

국어사전 뜻풀이에서 나팔을 부는 소리라고 했지만 실제 나팔 소리가 아니라 그걸 어린아이들이 입으로 흉내 낸 소리라고 하는 게 더 정확한 표현이 아닐까 싶다. 소리를 완전히 똑같게 문자로 구현할 수는 없다. 그래서 되도록이면 비슷한 소리를 골라 표기하는데, 그러다 보면 같은 흉내말이라도 여러 버전이 있을 수 있다. 그래서 아래와 같은 낱말들도 국어사전에 함께 올라 있다.

> **뚜** 고동이나 기적, 나팔 따위가 울리는 소리.
> **뚜뚜** 고동이나 기적, 나팔 따위가 잇따라 울리는 소리.

특이한 악기 이름 하나가 《표준국어대사전》에 나온다.

> **뗑갈** [민속] 오동나무의 속을 파서 만든 나팔의 하나. '뚜우' 하는 소리가 나는데 들일을 할 때 신호용으로 쓴다.

풀이에 '뚜우'가 나오지만 이 말은 국어사전에 표제어로 오르지 못했다. '뚜'보다는 여음이 이어지는 '뚜우'가 실제 소리와 더 가깝다.

> **뛰** 1. 나팔을 부는 소리. 2. 자동차나 배 따위의 경적이 울리는 소리.

179

뛰뛰 1. 나팔을 잇따라 부는 소리. 2. 자동차나 배 따위의 경
적이 잇따라 울리는 소리.

'뚜뚜'와 '뛰뛰'는 있지만 '따따'는 없다. 대신 다음과 같은
낱말이 보인다.

따따부따 딱딱한 말씨로 따지고 다투는 소리. 또는 그 모양.

어감에서부터 따지고드는 말투가 느껴진다. '남의 일에
따따부따 따지고드는 건 삼가는 게 좋아'와 같은 식으로 사
용하면 되는 말이다.

나팔 소리는 아니지만 '뛰뛰'가 들어간 말로는 아래 낱말
이 있다.

뛰뛰빵빵 1. 자동차가 잇따라 경적을 울리는 소리. 2. 어린아
이의 말로, '자동차'를 이르는 말.

여러 개의 나팔을 한꺼번에 불면 어떤 소리가 날까?

뿜빠뿜빠 여러 나팔 소리가 한꺼번에 어울려 나는 소리. '붐
빠붐빠'보다 센 느낌을 준다.

저절로 신이 날 듯한 소리라는 느낌을 준다.

자동차가 시동을 거는 소리로는 '부릉'과 '부르릉'이 있으며, 경적을 울리는 소리는 보통 '빵'과 '빵빵'을 쓴다. '빵빵'보다 조금 가볍게 내는 소리를 뜻하는 '빠방'도 표제어에 있다. 그런가 하면 '삑'과 '삑'에 "새, 사람 또는 기적 따위가 갑자기 매우 날카롭게 지르거나 내는 소리"라는 풀이가 달려 있다. 그리고 '붕'과 '붕붕'도 자동차나 배에서 경적이 울리는 소리로 사용한다. 이와 함께 '부웅'과 '부웅부웅'도 "뱃고동이나 문풍지 따위가 울리는 소리"라는 풀이와 함께 국어사전에 실려 있다.

'붕붕'보다 낮게 울리는 소리도 있다.

부 공장이나 기선 따위에서 내는 굵고 낮은 소리.
부부 기선(汽船) 따위에서 연이어 나는 기적 소리.

끝으로 구급차가 달려가면서 내는 소리를 소개한다.

삐오삐오 구급차 따위가 지나갈 때 나는 사이렌 소리.

〈우리말샘〉에는 같은 소리를 나타내는 말로 '삐뽀삐뽀'도 실었다.

북을
칠 때

나는
소리

나팔 소리에 이어 북소리는 어떻게 표현해왔는지 알아보자. 다시 〈어린 음악대〉로 돌아가면 2절 가사가 이렇게 시작한다.

쿵작작 쿵작작 둥근 차돌로
쿵작작 쿵작작 북을 칩니다.

북을 치는 소리로 '쿵작작'을 제시했지만 '따따따'와 달리 이런 의성어는 국어사전에 없다. 북소리를 나타내는 의성어들은 크게 '쿵' 계열과 '둥'이나 '덩' 계열로 나눌 수 있다. '쿵'은 주로 큰북을 칠 때 나는 소리를 나타낸다. 그렇다면 작은북을 칠 때 나는 소리로 '콩'을 쓸 법하지만 국어사전 '콩'의 풀이에는 그런 뜻이 없다. 대신 '꿍'이 보이는데,《표준국어대사전》은 "큰북이나 장구 따위의 매우 깊은 소리"라고 풀이했다. 북을 잇따라 치는 소리인 '쿵쿵'과 '꿍꿍'도 표제어에 있다.

'쿵'을 사용한 의성어가 꽤 많은데, 우선 아래 낱말들부터 보자.

쿵적 큰북 따위를 막대기로 가볍게 두드리는 소리.(첩어:쿵
적쿵적)

쿵적적 큰북 따위를 박자에 맞추어 막대기로 두드리는 소
리.(첩어:쿵적적쿵적적)

쿵적쿵 큰북 따위를 장단에 맞추어 흥겹게 두드리는 소리.
(첩어:쿵적쿵쿵적쿵)

쿵덕덕 북이나 장구 따위로 장단을 맞추어 치는 소리.(첩어:
쿵덕덕쿵덕덕)

작은북을 칠 때 나는 소리로는 '콩작', '콩작작', '콩작콩', '콩닥닥'이라고 하면 된다. 이처럼 다양한 소리로 표현했는데, 가만 보면 '쿵'은 '적'과, '콩'은 '작'과 짝을 맺어주었음을 알 수 있다. 그건 모음조화를 적용했기 때문이다. 〈어린 음악대〉 가사에 나오는 '쿵작작'이 국어사전 표제어에 오르지 못하고 대신 '쿵적적'이 오르게 된 사정을 알 수 있는 대목이다.

그런데 어찌 된 일인지 모음조화 규칙을 벗어난 소리가 실린 경우도 있다.

<u>쿵작쿵작</u> 흥겨운 곡을 합주하는 소리. 또는 그 모양.

《표준국어대사전》의 풀이인데, 《고려대한국어대사전》은 다음과 같이 풀이했다.

<u>쿵작쿵작</u> 북이나 장구, 드럼 따위가 세차게 장단에 맞춰 잇따라 내는 소리를 나타내는 말. 또는 그 모양을 나타내는 말.

워낙 많은 사람이 쓰는 표현이다 보니 모음조화를 벗어난 예외를 인정한 셈이다. 이와 함께 《고려대한국어대사전》은 '쿵짝쿵짝'과 '꿍짝꿍짝'도 표제어로 삼았다. 《표준국어대사전》에 비해 《고려대한국어대사전》이 현실음을 받아들이고 인정하는 폭이 넓은 편이다.

'쿵'과 '적'의 결합이 아닌 말들도 있다.

<u>쿵더쿵</u> 1. 방아확에 공이를 한 번 내리칠 때 나는 소리. 또는 그 모양. 2. 춤을 출 때 북으로 좀 느리게 장단을 맞추

어 치는 소리.(첩어: 쿵더쿵쿵더쿵)

　이들보다 작은 소리인 '콩다콩'과 '콩다콩콩다콩'도 표제
어에 있지만, 북을 칠 때 나는 소리라는 뜻은 없고 절구나 방
아를 찧을 때 나는 소리라는 뜻만 담았다. '쿵덕쿵덕'과 '콩닥
콩닥'도 마찬가지로 절구와 방아 찧는 소리로만 풀었다.

　이번에는 '둥'과 '덩'을 이용한 의성어들을 보자. '둥'은
큰북을 칠 때 나는 소리이고, 작은북을 칠 때 나는 소리는
'동'이다. 이들과 함께 '덩'도 표제어로 실렸다. 잇따라 치는
소리인 '둥둥', '동동', '덩덩'도 나란히 함께하고 있다.

　먼저 '둥'을 활용한 것들부터 보자.

두둥둥 　북이나 장구 따위를 잇따라 가볍게 두드릴 때 나는
　　　소리.

두리둥둥 　북 따위가 흥겹게 울리는 소리.

둥덩 　큰북, 장구, 가야금 따위를 두드리거나 타는 소리.(첩
　　어: 둥덩둥덩)

둥당 　북, 장구, 가야금 따위를 두드리거나 타는 소리.(첩어:
　　둥당둥당)

동당 　작은북, 장구, 가야금 따위를 두드리는 소리.(첩어: 동
　　당동당)

여기도 잘 보면 모음조화를 무시한 '둥당'과 '둥당둥당'도 표제어로 삼았음을 알 수 있다. 모음조화 현상은 점점 무뎌지는 쪽으로 진행 중이고, 일상 언어생활에서는 굳이 그걸 의식하지 않고 써도 문제가 없다.

퉁퉁 큰북이나 속이 빈 나무통 따위를 잇따라 두드려 울리는 소리.(작은말: 통통)
토동통 작은북이나 장구 따위를 치는 소리.

'토동통'과 짝을 맺기 쉬운 '투둥퉁'도 국어사전 안에 자리를 잡지 못했다. '두둥둥'은 있으나 '두둥두둥'도 없으니 그리 서운해할 일은 아닐지도 모른다.

▸ 장구채를 뽑아 잡고 저쪽 손으로 먼저 장구 전두리를 뚱땅 울려보더니….
▸ 뚱땅뚱땅 장구 소리가 들렸다.

《표준국어대사전》의 '뚱땅'과 '뚱땅뚱땅'에 딸린 예문들이다. 둘 다 장구 소리를 표현하고 있으나, 표제어의 뜻풀이는 여러 가지 악기나 단단한 물건 따위를 잇따라 쳐서 울리는 소리라고만 해놓았다. 그러니 국어사전의 뜻풀이에 너무 구애받지 말고 적당한 의성어를 찾아서 쓰면 될 일이다.

이번에는 '덩'을 활용한 의성어들인데, '덩'과 '덩덩' 외에 다음과 같은 말들이 있다.

> 덩더꿍 1. 북이나 장구 따위를 흥겹게 두드리는 소리.(첩어 :
> 덩더꿍덩더꿍) 2. 덩달아 덤비는 모양.
> 덩더러꿍 북이나 장구 따위를 어울러서 두드리는 소리.

《표준국어대사전》은 '덩더꿍'에 두 개의 풀이를 실었지만 《고려대한국어대사전》은 두 번째 풀이를 싣지 않았다. 그런 용법으로 쓰이지 않는다고 보았기 때문일 터다. 현실에서는 '덩더꿍'과 함께 '덩더쿵'이나 '덩덕쿵'도 많이 쓰고 있지만 국어사전에서는 찾을 수 없다. '덩더덩'이나 '더덩덩' 역시 찾을 수 없기는 마찬가지다. 대신 장구 소리라는 뜻을 담은 아래 낱말을 찾을 수 있다.

> 덩더럭 장구를 울리는 소리.

앞에서 죽 살펴본 것처럼 북 치는 소리와 장구 치는 소리는 대개 같은 의성어로 표현한다. 둘 다 통 양쪽에 가죽을 매어 그곳을 쳐서 소리를 얻기 때문에 그럴 것이다. 다음 낱말도 마찬가지다.

떵기떵기 장구나 북을 잇따라 칠 때 나는 소리.

'떵기떵기'가 있으면 '덩기덩기'도 있어야 짝이 맞을 것 같
지만 그런 짝은 없다.

꽹과리와
징을

치는
소리

북이나 장구가 나무통 양옆에 가죽을 댄 다음 가죽 쪽을 채로 두드려 소리 내는 악기라면 꽹과리와 징은 쇠를 통으로 사용하고 쇠 자체를 쳐서 소리를 내도록 만든 악기다. 그러니 같은 타악기라도 소리가 서로 다를 것은 자명한 이치다.

꽹과리를 칠 때 나는 소리로 국어사전에 몇 개가 올라 있다.

꽹 꽹과리나 징 따위를 치는 소리.(첩어 : 꽹꽹)

꽹그랑 꽹과리나 징 따위를 가락에 맞추어 치는 소리.(첩어 : 꽹그랑꽹그랑)

꽹과리라는 악기 이름이 채로 칠 때 '꽹'이나 '꽹꽹' 소리

가 난다고 해서 그런 이름을 얻게 됐을 거라는 점은 의문의
여지가 없다. 그러므로 '꽹'과 '꽹꽹'을 꽹과리 칠 때 나는 소리
로 사용하는 건 자연스러운 일이다. '꽹그랑'도 꽹과리 소리
와 연결하여 생각하는 게 어렵지 않다.

까강까강 꽹과리를 치는 소리.

《표준국어대사전》과 《고려대한국어대사전》에 나란히
실려 있긴 하지만 다른 국어사전에서는 찾기 힘든 낱말이다.
'까강까강'이 꽹과리 소리를 나타내는 의성어로 사용된 예는
드물며, 그보다는 '깨갱깨갱'이 폭넓게 쓰였다.

> ▶ 꽹과리가 깨갱깨갱 비명을 질렀으며 양장구 소리가 맞싸다
> 듬이질하듯 투당거리고 징징 우는 소리로 징이 울고 있었
> 다.(〈동아일보〉, 1985. 2. 18.)

유현종의 연재소설 《임꺽정전》에 나오는 구절이다. '맞
싸다듬이질'은 두 사람이 마주앉아 다듬이질하는 걸 뜻하는
말인 듯하나 국어사전에는 나오지 않는다.

"깽무갱, 깽깽, 깽무 깽무 깨갱깽"

상쇠잡이가 앞장을 서고

"떵떵 떵더꿍 떵기덩 떵더꿍."

장고잡이는 뒤를 따른다. 징 소리는 점잖이 꽈-웅, 꽈-웅 하고, 이슬이 흠씬 나린 잔디밭과 들판으로 퍼지다가 살어지는 그 여운이 응성깊다.

심훈이 장편소설《상록수》를 〈동아일보〉에 연재할 때 주인공 박동혁이 청년들과 함께 마을 회관을 짓기 위해 달구질하며 흥겹게 풍물을 치는 장면을 그린 대목이다.

두 인용문에 꽹과리를 칠 때 나는 소리를 표현한 말들이 여럿 나온다. 다른 이들의 글에서도 '깽깽', '깨갱깨갱' 같은 말을 쉽게 접할 수 있으며, 간혹 '캥캥'이나 '캐갱캐갱', '챙챙' 같은 소리를 끌어온 걸 볼 수도 있다. 워낙 다양한 방식으로 꽹과리 소리를 나타내고 있어 어떤 게 꽹과리 소리에 가장 가깝도록 표현했다고 말하기는 어렵다. 다만 빈도수를 볼 때 '까강까강'보다는 다른 소리들이 더 많이 쓰이고 있는 건 사실이다. 그런데 어떻게 해서《표준국어대사전》과《고려대한국어대사전》이 '까강까강'을 표제어로 삼게 됐는지 궁금하다.

한 가지 더 짚을 게 있다. '까강까강'을 제외한 다른 낱말들의 풀이에서 모두 "꽹과리나 징 따위를 치는 소리"라고 했다. 꽹과리와 징은 둘 다 쇠로 만든 악기이므로 유사성이 있다. 하지만 두 악기를 칠 때 나는 소리에는 차이가 있다. 꽹과리 소리는 대체로 날카롭게 울리는 반면 징 소리는 둔중하면서 길게 여운을 끄는 소리를 낸다. '징'이라는 악기 이름 자체가 '징' 혹은 '지잉' 하는 소리를 낸다고 해서 붙인 이름일 거라는 걸 어렵지 않게 짐작할 수 있다. 그러므로 앞 낱말들의 풀이에서 징은 빼는 게 좋겠다.

옛날 글들을 보면 징을 칠 때 나는 소리로 '깽'을 사용한 예가 없지는 않다. 하지만 보편적인 음성표기였다고 보기는 어렵다.

둥 둥둥 울려라 출범의 북소리 울려라
지잉 징 울려라 출범의 징소리 울려라.

박용래 시인이 1979년 1월 1일 〈서울신문〉에 신년 축시로 발표한 〈소리-신년송〉에 나오는 구절이다. 이처럼 징을 칠 때 나는 소리로는 '징', '지잉', '징징', '지잉지잉' 같은 말을 주로 사용했다. 하지만 징 소리만 나타내는 의성어는 국어사전 안에 없다. 징 소리를 나타내는 의성어를 따로 선정해서 표제어로 올릴 수 있기를 바란다.

팽과리 소리와 징 소리에 함께 적용할 수 있는 낱말이 있다. '쟁쟁 울린다'고 할 때의 '쟁쟁'인데, 순우리말로 알고 있는 이가 많지만 실은 한자로 된 낱말이다.

쟁쟁(琤琤): 1. 옥이 맞부딪쳐 맑게 울리는 소리. 2. 전에 들었던 말이나 소리가 귀에 울리는 느낌. 3. 목소리가 매우 또렷하고 맑은 소리.

두 번째 풀이에 나오는 뜻으로 많이 쓰는 낱말이다. '생전에 아버지가 해주시던 말씀이 아직도 귓가에 쟁쟁 울린다'처럼 사용한다. 이와 다른 한자를 쓰는 '쟁쟁'도 있다.

쟁쟁(錚錚): 쇠붙이 따위가 맞부딪쳐 맑게 울리는 소리.

먼저 소개한 낱말의 '쟁'이라는 한자에 '구슬 옥(玉)'을 썼다면(王과 玉은 같은 부수로 친다), 지금 소개하는 낱말에는 '쇠 금(金)'을 썼다. 그로 인해 두 낱말의 뜻에 차이가 생겼다. 풀이에 '쇠붙이 따위'라고 해놓은 것처럼 쇠로 된 악기를 부딪칠 때도 이 낱말을 사용한다.

▶ 귓전에 그 꽹과리 소리와 징 소리가 아직도 남아 쟁쟁 기분
  나쁘게 울리는 것만 같았다.

《표준국어대사전》이 제시한 예문인데, 하근찬의 장편소설《야
호》에 나오는 구절이다.

현악기를
연주할 때

나는
소리

타악기 소리가 날카롭거나 둔탁한 소리로 강렬한 느낌을 준다면 줄을 튕겨서 내는 현악기 소리는 은은하게 울려서 사람의 귀를 즐겁게 해준다. 현악기 소리를 나타내는 말은 그리 많지 않다.

동기동기 가야금이나 비파 따위를 타는 소리.

가야금은 현을 손가락으로 뜯거나 튕기면서 연주한다. 비파는 현을 탈 때 나무, 상아, 물소의 뿔 등으로 만든 발목(撥木)을 쓰지만 그냥 손가락을 이용하기도 한다. 그러다 보니 '동기동기'와 같은 의성어를 만들어 쓰게 됐다.

'동기동기'가 있으면 '둥기둥기'도 가능할 듯하지만 국어
사전에는 그런 말이 없다. 대신《표준국어대사전》에는 없고
《고려대한국어대사전》에만 실린 낱말이 있다.

둥기당 현악기 따위를 한 번 퉁긴 후 두 개의 음을 짧게 이어
탈 때 나는 소리를 나타내는 말.(센말: 뚱기당)

이와 함께 북한어로 분류한 낱말도 있다.

둥기당기 [북한어] 가야금을 흥겹게 타는 소리.

다른 낱말도 그런 경우가 많지만, 북한어로 분류한 낱말
이라고 해서 꼭 북한에서만 사용하는 건 아니다. 남한에서 펴
낸 사전에는 실려 있지 않고 북한에서 펴낸 사전에 실려 있다
고 해서 북한어로 분류했겠지만 그런 방식은 국어사전 편찬
의 안이함을 보여줄 뿐이다. '둥기당기'는 우리도 많이 사용
하고 있으며 1960년대에 이미자가 부른 〈둥기당기 타령〉이
라는 제목의 노래도 있다.
　　가야금에 비해 거문고는 대나무로 만든 술대를 이용해
줄을 그어가며 연주한다. 그래서 거문고를 연주할 때 나는
소리를 나타내는 말이 따로 있다.

<u>스르렁</u> 거문고 따위의 현악기 줄을 한 번 가볍게 문지를 때
나는 소리.

풀이에 나오는 "한 번 가볍게"가 아니라 잇따라 문지를 때
도 있을 테고, 그렇다면 '스르렁스르렁'이란 낱말도 있지 않
을까?

<u>스르렁스르렁</u> [북한어] 물건이 쓸리면서 조금 크고 시원스
럽게 잇따라 울리는 소리. 또는 그 모양.

이번에도 북한어로 분류한 낱말만 나온다. 고전소설 《흥
부전》에 흥부 내외가 박을 탈 때 "슬근슬근 톱질하세. 스르렁
스르렁 톱질하세"라고 하는 대목이 있다. '슬근슬근'만 표제
어로 올리고 '스르렁스르렁'은 북한어라며 밀어낸 처사는 이
해하기 어렵다. 판소리로 창작된 〈흥보가〉를 들어보면 거기
서는 '스르렁' 대신 '시리렁'이라고 한다. 판소리가 호남 지방
에서 널리 불리다 보니 그 지역의 말투가 배어서 그런 모양이
다. 그런 현상을 반영한 낱말도 있다.

<u>시르렁둥당</u> 현악기를 흥겹게 타는 소리.

'시르렁'과 '둥당'을 합쳤다. 그렇다면 '둥당'은 어떨까? '북을 칠 때 나는 소리' 꼭지에서 '둥당'을 소개한 바 있는데, "북, 장구, 가야금 따위를 두드리거나 타는 소리"라는 풀이가 달려 있다. 가야금을 연주할 때 손으로 뜯거나 퉁기는 주법을 사용하기 때문에 '둥당' 혹은 그보다 작은 소리인 '동당'을 가야금 연주 소리로 가져왔을 것이다.

우리 전통악기가 아닌 기타나 바이올린 같은 서양 악기 소리를 나타내는 말은 없을까? 아쉽지만 그런 소리를 나타내는 말은 찾기 어렵다. 다만 '띵띵'과 '딩딩'을 싣고 다른 여러 풀이와 함께 "가늘고 팽팽한 줄 따위를 퉁겨 울리는 소리"라는 풀이를 실은 걸 볼 수 있다. 그러면서 《표준국어대사전》은 다음과 같은 예문을 제시했다.

▶ 기타 줄을 딩딩 울리다.

끝으로 낱말 하나를 더 소개한다.

띵까띵까 요란하고 신나게 악기를 연주해대는 소리.

어감상 북이나 장구 혹은 꽹과리를 두드리는 소리와 연결시키기는 어렵고 줄을 뜯는 소리에 가깝게 다가온다. 악기를 연주하는 소리로도 쓰지만 그냥 흥겹게 혹은 아무 하는 일 없이 놀고만 있는 모양을 가리킬 때도 자주 쓰는 말이다. '사무실에 출근해서 그냥 띵까띵까 놀기만 하는 직원들도 있다'처럼 쓴다. 이 낱말은 1970년대 중반쯤부터 쓰이기 시작했으며, 젊은이들이 기타 치며 노는 모습을 표현하기 위해 만들어 썼을 것으로 짐작된다.

노 젓는

소리

윤선도가 보길도에 머물 때 지은 40수로 된 연시조 〈어부사
시사〉에는 독특한 후렴구가 반복해서 나온다.

지국총 지국총 어사와.

고등학교 국어 교과서마다 빠지지 않고 실리는 작품이라
서 누구에게나 친숙한 구절일 것이다. 윤선도의 〈어부사시
사〉는 《악장가사》에 실린 고려가요 〈어부가〉와 이현보가 지
은 〈어부사〉를 이어받아 재창작한 작품이다. 위 후렴구는 앞
선 두 작품에 나온 표현을 그대로 가져와서 쓴 것이며, 《악
장가사》에는 '지국총'이 아니라 '지곡총'으로 되어 있다. 이후

다른 이들이 지은 여러 시조에도 '지국총' 혹은 '지곡총'이 등장한다. 국어사전에는 '지곡총'이 아닌 '지국총'이 표제어로 실려 있는데, 윤선도의 작품이 워낙 많이 알려진 데다 '지곡총'보다는 '지국총'이 쓰인 사례가 더 많기 때문인 것으로 보인다.

> **지국총** 배에서 노를 젓고 닻을 감는 소리. 한자를 빌려 '至匊蔥'으로 적기도 한다.
>
> **지국총지국총** 배에서 잇따라 노를 젓고 닻을 감는 소리.

《표준국어대사전》과《고려대한국어대사전》의 풀이가 거의 같으며, '어사와'는 '어영차'를 뜻하는 감탄사로 분류했다.

'지국총'의 풀이를 보면서 의문이 생겼다. 배를 앞으로 나아가게 하려면 먼저 바다 밑바닥에 박아 배를 고정시켰던 닻을 감아올려야 한다. 그런 다음 노를 저으면서 앞으로 나아가게 한다. 두 동작은 시간차를 두고 벌어지는 별개의 행위이므로 '닻을 감거나 노를 저을 때 나는 소리'라고 풀이해야 한다. 그보다 중요한 건 노를 젓는 소리와 닻을 감는 소리가 같을까 하는 점이다. 다른 국어사전들에서는 어떻게 풀이하고 있을까?

지국총지국총 흥을 돋우려고 부르던, 어부가 후렴의 한 가
지.(한글학회,《우리말 큰사전》)

지국총지국총 [옛] 흥을 돋우기 위하여 부르는 어부가(漁父
歌)의 후렴의 하나.《금성판 국어사전》

지국총지국총 ① 흥을 돋구기 위하여 부르는 어부가(漁夫歌)
의 후렴의 한 종류. ② 배가 떠날 때 배에서 나
는 소리. 노를 젓고 닻을 감는 소리.(신기철·신
용철 편,《새 우리말 큰사전》)

'지국총지국총'이라는 후렴구가 고려가요 〈어부가〉에 최
초로 등장한 만큼 세 사전 모두 그런 사실을 밝혔다. 다른 두
사전은 후렴구라는 말만 넣은 데 반해 신기철, 신용철이 편찬
한《새 우리말 큰사전》은 뜻을 풀어서 함께 제시했다. '어부
가'의 한자 표기가《금성판 국어사전》과 다른 건 사소한 실
수라고 치자. 두 번째 풀이가 영 마음에 걸린다. "배가 떠날
때 배에서 나는 소리"라고 했는데, 나아가고 있는 중에는 소
리가 안 날까? 그런 생각과 함께 여기서도 노 젓는 소리와 닻
감는 소리를 아울러 제시한 게 거슬린다. 아무리 생각해도 내
판단에는 닻 감는 소리가 '지국총'과는 어울리지 않기 때문이
다. 닻에 연결된 밧줄을 끌어올려 기둥이나 특정 물체에 감을
때 '지국총'과 비슷한 소리가 난다고 볼 수 있을까?

〈어부사시사〉를 해설한 책들을 보면 대부분 '지국총 지국총'을 현대어로 바꾸어 설명하고 있으며, 그럴 때 가장 많이 쓰이는 게 '찌그덕찌그덕'과 '찌그덩찌그덩'이다.

> <u>찌그덕찌그덕</u> 단단한 물건이 서로 여기저기 쓸리면서 거칠게 자꾸 나는 소리. 또는 그 모양.

《고려대한국어대사전》에만 표제어로 올라 있는데, 노 젓는 소리라는 말은 없다. '찌그덕찌그덕'이 쓰인 용례를 보면 여러 글에서 낡은 나무 대문을 열거나 닫을 때 나는 소리로 사용하고 있다. 그 밖에도 자동차가 달릴 때 밑부분에서 나는 소리, 달구지 소리, 경첩이 부딪쳐 나는 소리 등 다양한 상황을 묘사할 때 사용된다. 그러므로 위 풀이처럼 특정 대상을 명시하지 않고 뭉뚱그려 일반적인 용법으로 설명하는 걸 잘못됐다고 할 수는 없다. 다만 용례를 하나도 제시하지 않은 건 아쉬움으로 남는다. '찌그덩찌그덩'도 실제 언어생활에서 많이 사용하는 말이지만 우리 국어사전에서는 북한어로 처리하고 있다.

그렇다면 《표준국어대사전》은 비슷한 의미를 가진 말로 무엇을 채택하고 있을까?

<u>찌걱찌걱</u> 느슨하여진 나무틀이나 엉성하게 묶인 짐짝 따위
가 자꾸 쏠리는 소리.

<u>삐거덕삐거덕</u> 크고 단단한 물건이 자꾸 서로 닿아서 갈릴 때
나는 소리. '비거덕비거덕'보다 센 느낌을 준
다.(준말: 삐걱삐걱)

'찌걱찌걱'과 '삐걱삐걱'도 노 젓는 소리로 사용한 용례들
이 있다.

▶ 깃븐 얼굴로 호긔 잇게 찌걱찌걱 배를 저어 시장 압헤 배를 다
이고….(《동아일보》, 1929. 6. 9.)

▶ 광활한 압바다에 삐걱삐걱 노 저어 가는 고기잡이배에….(《조
선일보》, 1930. 11. 1.)

의성어는 쓰는 사람이 적절하다고 생각하는 표현을 얼마
든지 끌어오거나 스스로 만들어 쓸 수 있다. 그 모든 걸 국어
사전이 감당하거나 담아낼 수 없다는 것도 분명하다. 그래도
여전히 아쉬움이 남는 건 특정한 의성의태어가 다양한 상황
에서 사용된다는 걸 알 수 있게끔 실제 사용된 용례를 다양
하게 제시해줄 필요가 있기 때문이다. 그래야 용례를 참고해
서 이런 상황에도 적용해서 쓸 수 있는 낱말이구나 하고 알

수 있다.

'삐걱'에서 '삐거덕'이 나왔겠지만 실제 생활에서는 '삐그덕'을 많이 쓴다. 하지만 《표준국어대사전》에는 이 말이 아예 없고 《고려대한국어대사전》에서는 '삐거덕'의 비표준어라고 했다. 그나마 〈우리말샘〉이 '삐거덕삐거덕'과 같은 풀이를 지닌 낱말과 함께 동음이의어 하나를 더 실었다.

삐그덕삐그덕 진행되던 일이 자꾸 틀어지거나 지내는 사이가 자꾸 나쁘게 되는 상태를 비유적으로 이르는 말.

노 젓는 소리를 탐구하다 여기까지 왔다. 실제 언어 현실과 국어사전 사이에 어긋나는 부분이 많아 삐그덕 소리가 들려오는 듯한 느낌을 떨치기 어렵다.

5.

동물과
식물에
관한
말들

개발새발

고양이는 사람에 따라 호불호가 있긴 하지만 그래도 우리와 꽤 가까운 동물이다. 그래서 고양이와 관련한 낱말은 물론이거니와 속담도 상당히 많다. 고양이를 줄여서 '괭이'라고 하는데, 대체로 나이 든 분들이 많이 쓰는 표현이다. 그런데 '괭이'보다 더 짧은 말이 있으니 바로 '괴'라는 말이다. '괴'는 고양이를 일컫는 옛말로, 지금은 독립적인 낱말로 쓰이는 경우가 거의 없다. 다만 여러 낱말에 붙어서 흔적을 남겼는데, 가령 다음과 같은 낱말들이다.

> **괴발디딤** 고양이가 발을 디디듯이 소리 나지 않게 가만히 조심스럽게 발을 디디는 짓.

개소리괴소리 개 짖는 소리와 고양이 우는 소리라는 뜻으로, 조리 없이 되는대로 마구 지껄이는 말을 속되게 이르는 말.

괴수염(괴鬚髥) 1. 고양이의 수염. 2. 고양이의 수염처럼 생긴, 사람의 수염을 놀림조로 이르는 말.

'개소리'는 독립된 낱말로 표제어에 있으나 '괴소리'는 홀로 쓰이는 일이 없어 표제어에 오르지 못했다. 이 밖에도 똥을 조금씩 누는 것을 비유하는 "괴 똥같이 싼다", 음식을 이리저리 헤집어놓고 조금만 먹는 걸 비유하는 "괴 밥 먹듯 한다" 같은 속담에 '괴'가 쓰이고 있다.

'괴'가 들어간 의태어로는 아래 낱말이 있다.

괴발개발 고양이의 발과 개의 발이라는 뜻으로, 글씨를 되는대로 아무렇게나 써놓은 모양을 이르는 말.

'괴발개발'은 '괴발'과 '개발'이 결합된 합성어다. 풀이에 나와 있는 것처럼 '괴발'은 '고양이의 발'이라는 뜻이고 '개발'은 '개의 발'이라는 뜻이다. 따라서 이 말은 고양이나 개가 함부로 날뛰어 발자국이 어지럽게 나 있는 모양에 빗대어 '글씨를 아무렇게나 써놓은 모양'이라는 의미를 나타내게 되었다. 글씨체가 단정치 못한 악필을 가리킬 때 주로 사용하는 말이다.

그런데 '괴'가 고양이를 가리키는 말이라는 걸 모르는 사람이 많다 보니 이 말을 '개발새발'로 고쳐서 쓰는 일이 잦아졌다. 그러면서 본딧말인 '괴발개발' 대신 '개발새발'이 사람들 사이에 널리 퍼지기 시작했고, 국립국어원에서도 2011년에 '개발새발'을 표준어로 인정해서 국어사전에 올리게 됐다. 고양이나 개가 함부로 날뛰어 발자국이 어지럽게 찍힌 것처럼 글씨가 엉망이라고 해서 만든 말인데, 고양이 대신 새가 찍은 발자국이라고 해서 가지런할 리는 없다. 따라서 고양이 대신 새를 가져다 놓아도 뜻에 별다른 차이는 생기지 않는다. 다만 '괴'라는 말이 사라져감을 분명히 확인할 수 있는 사례라고 하겠다.

의성어와 의태어는 품사 분류상 부사에 해당하는 낱말들이다. 《표준국어대사전》과 《고려대한국어대사전》 모두 이 낱말을 명사로 처리하고 있는데, 한글학회에서 펴낸 《우리말 큰사전》을 비롯해 다른 국어사전들은 대부분 부사로 처리하고 있다.

《표준국어대사전》은 '괴발개발'과 함께 "괴발개발 그리다"라는 관용구를 함께 수록하고 있으며, "괴발개발 그린 낙서"라는 예문을 제시하고 있다. 또한 《고려대한국어대사전》

은 다음 문장을 예문으로 제시했다.

▸ 학생이 괴발개발 그린 글씨는 도무지 뭐라고 썼는지 알 수가 없었다.

두 문장 모두 '괴발개발'이 명확하게 '그리다'라는 동사를 수식하는 역할을 하고 있다. 그렇다면 이때의 '괴발개발'은 부사로 보는 게 타당하다.

깡총깡총과

깡충깡충

토끼가 뛰는 모양을 나타내는 말은 '깡총깡총'일까 '깡충깡총'일까? 국어사전에는 다음과 같이 나와 있다.

깡충깡충 짧은 다리를 모으고 자꾸 힘 있게 솟구쳐 뛰는 모양. '강중강중'보다 세고 거센 느낌을 준다.

깡총깡총 → 깡충깡충.

주로 토끼가 뛰는 모양을 나타낼 때 사용하는 이 말을 두고 많은 사람이 의문을 표시하곤 한다. '깡총깡총'으로 표기해야 양성모음인 'ㅏ'와 'ㅗ'가 어울리는 모음조화에도 맞거니와 더 가볍고 귀여운 느낌을 주지 않느냐는 것이다. 왜 '깡총'을 버리고 '깡충'을 표준어로 설정했는지 알아보기 전에 잠시 다른 이야기를 나눠보자.

지금까지 가장 널리 불린 동요 중의 하나가 〈산토끼〉 아닐까? 이 동요는 오랫동안 작사·작곡자가 알려지지 않았다. 노래를 만든 주인공은 1920년대에 경상남도 창녕에 있는 이방공립보통학교 교사로 근무했던 이일래 선생(1903~1979)이다. 선생은 1928년에 학교 뒷산에서 뛰노는 산토끼들을 보고 노래를 만든 다음 교실에서 풍금을 치며 아이들에게 가르쳤다. 그 후 해방이 되면서 이 노래가 초등학교 음악 교과서에 실리게 됐고, 어린아이는 물론 어른과 노인에 이르기까지 누구나 흥겹게 부르는 애창 동요의 자리를 차지했다. 하지만 누구도 이 노래를 만든 사람을 몰라서 작사·작곡자를 미상으로 처리했다.

그러다가 주인공이 알려진 건 노래가 나온 뒤 50년 가까이 지난 1975년의 일이었다. 이일래 선생은 1938년에 호주에서 건너온 목사의 도움을 받아 마산에서 《조선 동요작곡집》을 출판했다. 각 노래마다 옆에 한국의 자연 풍경이나 민속을 다룬 그림을 싣고, 가사를 영문으로 번역해서 함께 실었다. 하지만 책의 내용을 불온하다 여긴 총독부에서 압수할 기미가 보이자 호주 목사는 책을 모두 호주 선교회로 보내버렸다. 그래도 저자에게는 남아 있는 책이 있지 않았을까? 이일래 선생은 자신이 간직하던 책을 당시에 연모하던 소학교 여선생에게 선물했는데, 그 책이 1975년에 발견되었다. 이일래 선생이 돌아가시기 4년 전이니, 선생이 무척 반가워하셨을 듯하다. 이렇게 동요의 원작자가 밝혀지면서 이방초등학교는 산토끼 학교로 변모했다. 학교 안에 산토끼와 관련한 다양한 조형물과 이일래 선생 흉상, 동요비가 세워졌다.

동요비에 이일래 선생이 작사한 노래 〈산토끼〉 가사 원문이 실려 있는데, 지금 우리가 부르는 가사와는 약간 다르다.

산토끼 토끼야 너 어디로 가나.
깡총깡총 뛰어서 너 어디로 가나.

달라진 부분들을 살피다 보면 '깡총깡총'으로 되어 있는 걸 발견할 수 있다. 하지만 지금은 표준어규정에 따라 '깡충깡충'을 쓰고 있다. 표준어규정 제2장 제2절 제8항은 "양성모음이 음성모음으로 바뀌어 굳어진 단어는 음성모음 형태를 표준어로 삼는다"라고 규정하고 있다. 그러면서 '깡총깡총'을 버리고 '깡충깡충'을 쓰도록 하면서 몇 개의 낱말을 더 예시했다. '발가송이' 대신 '발가숭이', '오똑이' 대신 '오뚝이'가 그 예다. '깡총깡총'보다 '깡충깡충'이 현실에서 더 많이 쓰이고 있어서 그랬다는 건데, 판단한 근거가 명확하지는 않다.

과거에 쓰인 예들을 보면 두 낱말이 차지하는 분포가 엇비슷하기 때문이다. 둘 다 인정하는 게 현실적으로 타당했을 거라는 생각이 든다.

'깡충깡충' 풀이에서 '강중강중'보다 세고 거센 느낌을 준다고 했는데, 같은 계열의 낱말로 '강장강장', '깡짱깡짱', '깡창깡창'이 있다. 짧은 다리가 아닌 긴 다리로 솟구쳐 뛰는 모양은 어떤 말로 표현했을까? 그럴 때는 '겅정겅정', '껑쩡껑쩡', '껑청껑청', '겅중겅중', '껑쭝껑쭝', '껑충껑충'을 쓰면 된다.

개가 짖는

소리들

인간과 가장 가까운 동물을 꼽으라면 단연 개가 첫손에 꼽힌다. 그만큼 개는 인류 역사를 통틀어 가장 오랫동안 인간과 친숙한 관계를 유지해왔다. 그러니 개와 관련한 낱말이 국어사전 안에 많을 것은 당연하다. 그런데 개의 모습이나 행동과 관련한 의태어는 찾기가 힘들다. 그에 반해 개가 짖는 소리를 나타내는 의성어는 꽤 많은 편이다.

개를 달리 이르는 말로 '멍멍이'와 '멍멍개'가 국어사전에 표제어로 등재되어 있다. 그만큼 '멍멍'이 개가 짖는 소리를 대표하는 말임을 알 수 있다. 그 밖에 '왈왈'도 많이 쓰는 표현인데, 국어사전에는 다음과 같이 나온다.

왈왈 1. 개가 짖는 소리. 2. 알아들을 수 없을 만큼 크고 소란
스럽게 떠드는 소리.

개가 짖는 소리에 빗대어 사람들이 시끄럽게 굴 때도 같
은 표현을 사용한다는 얘기다. 보통 '왈왈대다', '왈왈거리다'
처럼 동사형으로 쓴다. 개는 낯선 사람을 보면 큰 소리로 짖
는다. 당연히 듣기 싫은 소리다. 그래서 아무렇게나 지껄이는
조리 없고 당치 않은 말을 이를 때 '개소리'라는 표현을 쓰곤
한다. 개가 사람 말을 알아듣는다면 기분 나빠할 말이긴 하
다. '왈왈'은 그나마 조금은 귀여운 어감을 주는 편인데도 사
람들이 왈왈대는 건 다들 듣기 싫어하는 모양이다.

개가 사나운 소리로 짖을 때 쓰는 의성어도 있다.

컹컹 개가 크게 짖는 소리.
캉캉 작은 개가 짖는 소리.
껑껑 개가 몹시 짖는 소리.

'컹컹'에 비해 작은 말인 '캉캉'이 있으면 '껑껑'과 대비되
는 '깡깡'은 어떨까? 하지만 '깡깡'을 찾으면 몹시 여윈 모양이
나 몹시 단단하게 얼어붙거나 굳은 모양을 나타낸다는 풀이
만 있을 뿐 개 짖는 소리를 나타낸다는 풀이는 없다.

'멍멍'이나 '왈왈', '컹컹'은 특별한 상황이 아니라 일반적으로 개가 짖는 소리를 나타낼 때 쓴다. 그렇다면 개가 어떤 소리를 낼 때 가장 무서울까?

앙 개 따위가 물려고 덤빌 때 내는 소리. 또는 그 모양.
엉 개 따위가 물려고 덤빌 때 내는 소리.

개가 저런 소리를 낼 때는 무조건 피하는 게 상책이다. 개가 사람을 무는 게 아니라 사람이 개를 물면 뉴스가 된다는 우스개가 있긴 하지만 개와 맞서려드는 건 무모한 일일 수밖에 없다. 개가 상대에게 위협을 가할 때 내는 소리로 '으르렁'이라는 의성어를 사용하기도 하는데, 이 말은 꼭 개에게만 해당하는 건 아니어서 국어사전은 이렇게 풀이하고 있다.

으르렁 1. 크고 사나운 짐승 따위가 성내어 크고 세차게 울부짖는 소리. 또는 그 모양. 2. 조금 부드럽지 못한 말로 크고 세차게 외치거나 다투는 소리. 또는 그 모양.

개라고 해서 늘 사납기만 한 건 아니다. 개도 무서움을 느낄 때가 있고 아플 수도 있으니, 그럴 때 내는 소리로 어떤 의성어가 국어사전에 올라 있을까?

깨갱 개가 아프거나 무서워서 지르는 소리.(첩어 : 깨갱깨갱)

깨개갱 개가 아프거나 무서워서 길게 지르는 소리.

끼깅 개가 아프거나 무서워서 간신히 지르는 소리.(첩어 : 끼
깅끼깅)

전부 개가 내는 소리라고 했는데 아래 낱말 풀이에는 강
아지가 들어가 있다.

깽 1. 몹시 아프거나 힘에 겨워 조금 괴롭게 내는 소리. 2. 강
아지 따위가 놀라거나 아파서 애달프게 짖는 소리.

'깨갱'과 '깽'의 풀이를 조금 다르게 했지만 실제 용법에는
큰 차이가 없다. 한 가지 더 짚자면 '깨개갱'은 있지만 '끼기
깅'은 없다는 사실이다. 요즘은 '깨갱하다'라는 동사를 만들
어 사용하는 사람이 많다. 개가 소리를 지른다는 뜻 외에 다
른 사람의 힘이나 기세에 눌려 대들거나 따지는 것을 포기한
다는 뜻으로 쓰는 말이다. 이런 용법이 생긴 지는 오래되지
않았으며,《고려대한국어대사전》에만 그런 뜻이 실려 있다.

첩어로 된 다른 낱말들을 더 보자.

깽깽 1. 몹시 아프거나 힘에 겨워 조금 괴롭게 자꾸 내는 소

리. 2. 강아지 따위가 놀라거나 아파서 애달프게 자꾸 짖는 소리.

캥캥 1. 강아지 따위가 놀라거나 아파서 애달프게 자꾸 짖는 소리. '깽깽'보다 거센 느낌을 준다. 2. 여우 따위가 사납게 자꾸 우는 소리.

《표준국어대사전》에 나오는 풀이이다. 하지만 '캥캥'이 사용된 용례들을 보면 국어사전의 풀이가 썩 적절하게 다가오지는 않는다. 강아지가 아닌 큰 개가 짖을 때도 '캥캥'이라는 표현을 쓸 때가 있거니와 무엇보다 '애달프게'라는 표현이 '캥캥'이 주는 어감과 어울리지 않기 때문이다. 강아지가 '캥캥' 우는 건 애달픈 소리고, 여우가 '캥캥' 우는 건 사나운 소리라고 한다면 어딘지 아귀가 맞지 않는 느낌이 든다. 《고려대한국어대사전》의 두 번째 풀이에는 '사납게'라는 표현이 나오지 않는다.

여우 울음소리로는 이 밖에도 '컁'과 '컁컁'이 올라 있다. '캥'보다는 '컁'이 표독한 느낌이 강해 여우에게 잘 어울리는 소리로 다가온다.

개에 비해 강아지는 아무래도 귀여운 느낌을 주는데, 이를 반영한 소리도 있다.

콩콩 강아지가 짖는 소리. '꽁꽁'보다 거센 느낌을 준다.

꽁꽁 1. 아프거나 괴로울 때 견디지 못하여 내는 앓는 소리.

2. 강아지가 짖는 소리.

개나 강아지가 짖는 소리를 나타내는 방언도 지역별로 다르기 마련이다. 제주 지역에서는 강아지 따위가 시끄럽게 내지르는 소리라는 뜻을 담은 '겡을랑겡을랑'과 '겡글랑겡글랑'이라는 재미있는 표현을 사용하고 있다. 의성어는 소리를 정확히 재생시켜서 반영하는 게 아니기 때문에 사용하는 이나 듣는 이가 얼마든지 자의적으로 해석할 소지가 많다. 그러므로 사전적 의미에 지나치게 매달릴 필요는 없으며, 상황과 맥락에 따라 적절하게 골라 쓰면 될 일이다. 사전에 없으면 스스로 만들어서 사용해도 되고.

개가 짖는 소리는 아니지만 강아지와 관련한 낱말 하나를 소개한다.

아즐아즐 강아지 따위가 계속해서 꼬리를 치며 비틀비틀 걷는 모양.

국어사전에 올라 있는, 개와 관련된 감탄사 몇 개를 소개한다.

워리: 개를 부를 때 쓰는 말.

오요요: 강아지를 부르는 소리.

이개: 개를 쫓을 때 지르는 소리.

요개: 개를 쫓을 때 내는 소리. '이개'보다 작고 귀여운 느낌이
나 낮잡는 느낌을 준다.

'이개'와 '요개'의 차이도 재미있지만, 큰 개와 강아지를 부를
때 소리를 달리 낸다는 사실도 퍽 흥미롭다. 그런가 하면 다음
과 같이 독특한 감탄사도 있다.

죄죄: 무엇을 먹고 있는 개에게 죄다 핥아 먹으라는 뜻으로
하는 말.

죄죄반반: 무엇을 먹고 있는 개에게 죄다 핥아 먹으라는 뜻
으로 하는 말.

고양이가
내는

소리들

고양이는 개와 함께 인간에게 무척 친숙한 반려동물이다. 하지만 고양이를 싫어하는 이도 많아 호오가 분명하게 갈리는 동물이기도 하다. 그런 이유 때문인지 몰라도 개나 강아지가 내는 소리에 비해 고양이가 내는 소리를 표현한 말은 수가 적은 편이다.

국어사전에서 고양이 소리를 나타내는 의성어를 찾으면 몇 개 안 나온다. 그중 가장 일반적으로 사용하는 말이 '야옹'과 '야옹야옹'이다. '냐옹'으로 소리 내는 이가 많고, 고양이를 '냥이'라는 애칭으로 부르기도 하지만 두음법칙 때문에 그런 말들은 국어사전에 실릴 수 없다. '야옹'과 '야옹야옹'은 익숙하지만 '아옹'과 '아옹아옹'은 낯설게 다가올 듯하다.

아옹 고양이가 우는 소리.

아옹아옹 고양이가 자꾸 우는 소리.

뜻풀이는 '야옹', '야옹야옹'과 똑같다. 둘 사이의 차이점을 드러내주면 좋겠지만 그 차이점을 추출해서 비교할 수 있을 정도로 '아옹'이 많이 쓰이지는 않은 듯하다. 옛 자료들에 분명 '아옹'이 나오기는 하지만 지금은 고양이 울음소리를 '아옹'이나 '아옹아옹'으로 표현하는 사람을 찾기 힘들다.

개가 짖는 소리인 '멍멍'에서 개를 뜻하는 '멍멍이'가 나왔듯이 고양이가 우는 소리 '야옹'에서 고양이를 뜻하는 '야옹이'가 나왔다는 건 익히 아는 사실이다. '야옹이'와 함께 '아옹'에서 비롯한 '아옹개비'라는 말이 "어린아이의 말로, '고양이'를 이르는 말"이라는 뜻을 달고 국어사전 안에 들어 있다.

고양이가 '야옹'이나 '아옹' 하는 소리만 낸다고 하면 고양이들이 섭섭히 여길지도 모른다. 현실에서는 다양한 흉내말들이 사용되고 있으나 국어사전이 그 말들을 모두 담아낼 수 없는 일이긴 하다. 그나마 《표준국어대사전》이 아닌 다른 사전에 몇 개가 더 실려 있어 아쉬움을 달래준다.

가르릉 고양이 따위가 내는 소리를 나타내는 말.

《고려대한국어대사전》에 실려 있는 낱말이다. 국립국어원이 시민들과 함께 만드는 국어사전을 표방하는 〈우리말샘〉도 몇 개의 낱말을 실어놓았다.

<u>갸르릉</u> 고양이가 기분이 좋을 때 내는 소리.
<u>가릉가릉</u> 고양이나 돌고래 따위가 자꾸 내는 소리.
<u>골골</u> 고양이가 기분이 좋거나 편할 때 내는 소리.

'가릉가릉'과 비슷한 '갸릉갸릉'이라는 말은 어떨까?

<u>갸릉갸릉</u> 목구멍에 가래가 조금씩 자꾸 걸리는 소리.

《표준국어대사전》의 풀이인데, 《고려대한국어대사전》도 같은 뜻으로 풀이했다. 둘 다 고양이 울음소리와 관련한 풀이는 없지만, 인터넷에서 '갸릉갸릉'을 치면 가래 걸리는 소리로 쓰인 것보다 고양이 울음소리로 쓰인 게 더 많음을 확인할 수 있다. '가르랑'이나 '가르랑가르랑'도 비슷한 상황이다. 그렇다면 이들 낱말의 풀이에 고양이가 내는 소리라는 뜻을 추가해주는 것이 바람직하다.

'골골'과 관련해서는 〈우리말샘〉이 '골골송(--song)'이라는 표제어를 실으면서 "고양이가 기분이 좋거나 편할 때 내는 소리를 노래에 비유하여 이르는 말"이라는 풀이를 달았다. 애묘인(愛猫人)들이 고양이가 내는 '골골' 소리를 무척 좋아하고 있음을 짐작하게 한다.

참고

앞에서 개를 부르는 감탄사를 소개했는데 고양이를 부르는 감탄사도 있다.

아나: 고양이를 부를 때에 쓰는 소리.
아나나비야: 고양이를 부를 때에 쓰는 소리.

개를 부를 때는 '워리', 강아지를 부를 때는 '오요요'로 구분했지만 고양이에게는 그렇게 구분 짓는 낱말이 없다.

이괴: 고양이나 도둑을 쫓을 때 지르는 소리.

왜 하필 고양이와 도둑을 묶었을까? 길고양이를 예전에는 도둑고양이라는 말로 불렀다는 것과 관계 있을 텐데, 이래저래 고양이들이 겪어야 했을 설움이 묻어나는 말이다.

소와
말에 관한

말들

일찍이 정지용 시인은 〈향수〉라는 시에서 "얼룩빼기 황소가 해설피 금빛 게으른 울음을 우는 곳"이라고 자신의 고향을 노래했다. 정지용이 노래한 고향의 소는 어떤 소리로 울었을까?

《표준국어대사전》은 소나 송아지의 울음소리로 '음매'와 '엄매' 두 개를 제시하고 있다. 소가 우는 소리는 다른 짐승들의 울음소리에 비해 단조롭다. 소의 처지나 상황에 따라 달리 표현할 만큼 소리의 특징이 두드러지지 않는다는 얘기다. '음매' 곁에 '엄매'가 하나 더 실려 있어 반갑긴 하지만, 글 속에서 '엄매'를 접해본 이는 드물 듯하다. 《고려대한국어대사전》에서 다른 소리 하나를 더 발견할 수 있다.

<u>음메</u>　소가 우는 소리를 나타내는 말.

　자세히 들어보면 소의 울음소리도 단일하지는 않아서 때로는 '음머' 혹은 '음무'라고도 들린다. 하지만 그런 미세한 차이를 모두 반영해서 표준어를 정하기 힘든 상황도 이해한다. 다만 '야옹'과 '야옹야옹', '까옥'과 '까옥까옥'처럼 단일음과 함께 잇따라 내는 소리도 표제어로 다루면서 왜 소 울음소리에서는 '음매음매'나 '음메음메'를 표제어로 선택하지 않았는지 궁금하긴 하다. 소의 실제 울음소리는 '음매~', '음메~'처럼 끝을 길게 끌어서 그랬을 거라고 추론해볼 수 있겠다.

<u>투투</u>　소 따위의 짐승이 힘겹게 숨을 내쉬는 소리.
<u>코투레</u>　마소가 코를 떨며 자꾸 투투 하는 소리를 내는 짓.

　마소는 말과 소를 아울러 이르는 말이다. 자연스레 말과 관련한 이야기로 넘어가는 게 좋겠다. 우선 '투투'와 비슷하게 쓰이는 말부터 살펴보자.

<u>투루루</u>　1. 말이나 당나귀가 코로 숨을 급히 내쉬며 투레질하는 소리. 2. 젖먹이가 두 입술을 떨며 투레질하는 소리.

말은 투레질할 때만이 아니라 평소에도 콧소리를 내며 운다.

히힝 말이 우는 소리.
힝힝 1. 코를 잇따라 아주 세게 풀거나 콧김을 부는 소리. 2. 말이 콧소리를 내며 우는 소리.

말이 내는 소리 역시 '히잉'이나 '히히힝'처럼 다양할 수 있겠으나 국어사전에는 위에 소개한 두 개만 나온다.

말이 내는 소리와 관련해서 빼놓을 수 없는 게 말발굽 소리다. 말의 발에는 쇠로 된 편자를 박아서 달릴 때 요란한 소리가 난다. 국어사전에서는 이런 소리들을 어떻게 반영했을까? 하지만 아무리 찾아봐도 그런 말이 보이지 않는다. 다만 〈우리말샘〉에 아래 낱말이 북한어라는 분류를 달고 실려 있다.

또가닥 [북한어] 작은 말이나 당나귀 따위가 걸어가는 소리. 또는 그 모양.(첩어: 또가닥또가닥)

이와 함께 북한말이라며 '다가닥다가닥'과 '따가닥따가닥'을 실었다. "작고 단단한 물건이 잇따라 세게 부딪칠 때 나는 소리"라고만 풀이해서 말과 직접 관련한 내용이 없으나 "말발굽 소리가 따가닥따가닥 나다"와 같은 예문을 실었다. 북한에 있는 말들만 말발굽 소리를 내는 건 아닐 테니 앞의 말들을 북한어라는 범주로 묶어둘 게 아니라 우리 국어사전 안으로도 끌어들일 필요가 있다.

> 질문: 혹시 말이 달리는 소리(말발굽 소리)를 표현하는 의성어는 없나요? 예를 들어 다그닥다그닥 같은…(사전에는 없네요).
>
> 답변: 딱히 어떤 표현이 적절하다고 제시하기는 어려운데, "훤하게 트인 길 위에 오가는 사람은 그리 많지 않았으며 또각또각 말발굽 소리를 내며 마차가 달리고 이따금 자동차 트럭이 지나가곤 했다." 박경리의 《토지》와 같은 용례를 참고해보시기 바랍니다.

국립국어원의 '온라인가나다' 게시판에 올라왔던 질문과 답변이다. 표제어로 올릴 생각은 없으나 다른 사람들의 글에 쓰인 표현이 있으면 그걸 참고해서 쓰라는 얘기로 읽힌다. 이렇듯 성의 없는 답변 대신 실제 쓰이고 있는 말들을 적극적으로 찾아서 싣는 노력을 보여주면 좋겠다. 말들이 한꺼번에 내닫는 소리로 많이 사용하는 '두두두' 같은 것들을 포함해서.

말과 소의 동작과 관련한 말 역시 몇 개 안 된다.

가탈가탈　사람이 타거나 싣기 불편할 정도로 말이 비틀거리
　　　　　며 걷는 모양.

《표준국어대사전》은 예문으로 아래 문장을 제시했다.

▸ 더위에 지쳐 더운 콧김을 내뿜으며 가탈가탈 걷던 말이 결국
　쓰러졌다.

가탈가탈 걷는 걸 '가탈걸음'이라고 하며, 이 말도 표제어
로 실려 있다. 대부분의 의성의태어들은 작은말과 큰말, 여
린말과 센말이 있으며, 국어사전은 이것들을 동시에 싣고 있
다. '가탈가탈'의 센말인 '까탈까탈'도 〈우리말샘〉에서 북한
어로 소개하고 있다. '가탈가탈'은 남북한 사람들이 함께 쓰
고, '까탈까탈'은 북한 사람들만 쓴다고 하면 너무 이상한 일
아닌가.

우격우격　1. 짐을 진 마소가 걸음을 걸을 때마다 잇따라 나는
　　　　　소리. 2. 음식 따위를 입 안에 가득 넣으면서 자꾸
　　　　　거칠고 급하게 먹는 모양.

우격지격 짐을 실은 마소나 달구지가 움직일 때마다 짐이 이리저리 쏠리는 소리.

소와 말이 스스로 걷거나 뛰는 모습이 아니라 짐을 싣고 가는 모습과 관련한 말들만 국어사전에 모아놓은 듯해 괜히 소와 말에게 미안한 마음이 들기도 한다.

닭과 병아리가
내는

소리들

집에서 기르는 가금류 중에는 닭이 제일 많고 그다음이 오리다. 당연히 오리에 비해 닭에 관한 낱말이 많을 수밖에 없다. 닭의 새끼는 병아리라고 하지만 오리 새끼를 부르는 이름이 따로 없는 것만 보아도 그렇다. 그뿐만 아니라 오리와 관련한 다양한 낱말 가운데 의성어나 의태어로 된 낱말도 없다.

그래서 닭에 관한 말들을 살펴보는 것으로 만족할 수밖에 없다.

구구 1. 닭이나 비둘기 따위가 우는 소리. 2. 닭이나 비둘기 따위를 부를 때 내는 소리.

꾸꾸 1. 닭이나 비둘기 따위가 우는 소리. '구구'보다 센 느낌을 준다. 2. 닭이나 비둘기 따위를 부를 때 내는 소리.

닭이 우는 소리이자 닭을 부르는 소리로도 사용되는 말이다. 닭 소리를 흉내 냄으로써 친근감을 느끼고 다가오게 하기 위함일 텐데, 다른 동물들에게는 사용하지 않는 방법이다.

꼬꼬댁 닭이 놀랐거나 알을 낳은 뒤에 우는 소리.(첩어: 꼬꼬댁꼬꼬댁)

"알을 낳은 뒤에"라는 구절에서 알 수 있듯이 암탉이 우는 소리를 표현한 말이다. '꼬꼬댁' 다음에는 대개 '꼬꼬'가 따라온다. 그래서 '꼬꼬댁 꼬꼬' 하는 식으로 운다.

꼬꼬 1. 어린아이의 말로, '닭'을 이르는 말. 2. 암탉이 우는 소리.

역시 풀이에 암탉이 우는 소리라고 되어 있다. 그렇다면 수탉이 우는 소리는 어떨까?

꼬끼오 수탉의 우는 소리.(준말: 꼬꼬)

《표준국어대사전》의 풀이인데, '의'라는 조사 대신 '이'를 썼어야 한다. 《고려대한국어대사전》은 "수탉이 우는 소리를 나타내는 말"이라고 풀이했다. 《표준국어대사전》이 '~소리'로 끝을 맺었다면 《고려대한국어대사전》은 '~소리를 나타내는 말'이라고 했다. 의성어를 풀이하는 방식이 모두 이렇게 되어 있는데, 《고려대한국어대사전》의 방식처럼 풀이하는 게 옳다. 의성어는 실제 소리를 똑같이 재현하는 게 아니고, 그럴 수도 없으므로 그냥 '소리'라고만 하면 비슷하게 구현한 음이 아닌 실제 음으로 오해할 소지가 있기 때문이다.

<u>골골</u> 암탉이 알을 배기 위하여 수탉을 부르는 소리.

암탉이 '골골' 소리를 내는 걸 뭐라고 할까? '골골하다'와 '골골거리다'라는 표현도 쓰지만 다음과 같은 말도 쓴다.

<u>겯다</u> 암탉이 알을 낳을 무렵에 골골 소리를 내다.
<u>알겯다</u> 암탉이 알을 낳을 무렵에 골골 소리를 내다.

거의 사어처럼 되어버려서 이제는 시골에서도 이런 말을 쓰는 사람을 만나기 쉽지 않다.

특이한 낱말들을 소개한다.

꼬르륵 닭이 놀라서 지르는 소리.(첩어: 꼬르륵꼬르륵)

꾸르륵 닭이 놀라서 매우 급하게 지르는 소리.(첩어: 꾸르륵
꾸르륵)

'꼬르륵'이나 '꾸르륵'이 배고프거나 거북해서 나는 소리 말고 닭이 놀라서 지르는 소리를 뜻하기도 한다는 건 뜻밖이다. '꼬르륵' 소리를 내며 도망가는 닭의 모습을 상상해보는 것도 재미있겠다.

이번에는 병아리들이 내는 소리다.

삐악 병아리가 한 번 약하게 우는 소리.

삐악삐악 병아리가 계속 약하게 우는 소리.

이보다 여린 말은 '비악'과 '비악비악'이며, '삐악삐악'의 준말인 '삑삑'과 '비악비악'의 준말인 '뱍뱍'도 표제어로 올라 있다. 하지만 많은 이가 '삐약삐약'과 '비약비약'이 맞는 표기라고 생각해서 그렇게 쓰고 있다. 모음 'ㅣ'와 'ㅏ'가 합쳐지면 'ㅑ'로 발음된다. 그래서 본래 '삐악'이었던 걸 사람들이 오해해서 '삐약'으로 표기하는 바람에 너도나도 '삐약'으로 쓰기 시작했다는 말이 있다. 1920~1930년대 신문들을 살펴보면 '삐악'과 '삐약'이 공존하고 있다. 둘 중 어느 걸 선택

하느냐 하는 문제는 맞춤법을 만드는 사람들의 의중에 달려 있기 마련이고, 그래서 실제 사용자들의 인식과 거리가 먼 상황이 종종 발생한다. 왜 '햇님'이 아니라 '해님'으로 써야 하고, 왜 '장마비'가 아니라 '장맛비'로 써야하느냐는 식의 볼멘소리들이 나오는 이유다.

<u>뽕뽕</u> 병아리가 잇따라 우는 소리.

잇따라 우는 소리라고 했으면 한 번 우는 소리는 '뽕'이 되어야 할 것 같은데, '뽕'을 찾으면 그런 풀이가 없다. 병아리가 한 번만 '뽕' 하고 우는 일은 없어서 그런 모양이다. 다만 '뽕'을 늘여 발음한 '삐용'이 북한어라는 분류를 달고 실려 있다. 한편 《고려대한국어대사전》에서 '뽕뽕'을 찾으면 "총알 따위가 잇따라 날아가는 소리를 나타내는 말"이라는 풀이만 나온다. 해방 직후에 오수경이 작사하고 박재훈이 작곡한 〈봄〉이라는 동요에 "병아리 떼 뽕뽕뽕뽕 놀고 간 뒤에"라는 구절이 나온다. 《고려대한국어대사전》이 《표준국어대사전》에 비해 일상어를 폭넓게 담고는 있지만 간혹 이와 같은 경우도 발견된다. 《고려대한국어대사전》 편찬팀의 실수였을까? 이 부분은 좀 더 따져볼 필요가 있다. 왜냐면 박재훈의 동요 말고는 병아리 소리로 '뽕뽕'을 사용한 예를 찾아보

기가 드물기 때문이다.

윤석중이 작사하고 권태호가 작곡한 동요 〈봄나들이〉에는 "병아리 떼 종종종 봄나들이 가지요"라는 구절이 나온다. 두 동요의 가사가 그리고 있는 상황이 흡사한데, '종종종'과 '뽕뽕뽕뽕' 사이에 어떤 차이가 있을까? '종종종'은 걷는 모습을 나타낸 의태어가 분명하다. 그렇다면 '뽕뽕뽕뽕'도 걷는 모습을 표현한 건 아닐까? 하지만 노랫말을 쓴 분이 이미 돌아가셨으니 찾아가서 물어볼 수도 없는 일이다. '뽕뽕뽕뽕'이 주는 어감으로 보아 의태어라기보다는 의성어에 가깝게 느껴지긴 한다. 그래서 《표준국어대사전》 편찬팀이 '뽕뽕'을 병아리가 우는 소리라고 풀이했을 것이다. 하지만 다른 국어사전들은 대부분 '뽕뽕' 자체를 표제어로 싣지 않았다. 《고려대한국어대사전》 편찬팀도 '뽕뽕'을 병아리가 우는 소리를 나타내는 것으로 보기에는 무리가 있다고 판단했을 법하다.

그렇다면 '뽕뽕'이라는 의성어는 아무도 사용하지 않는 걸까? 인터넷에서 검색해보면 전자오락실의 게임기에서 나오는 소리, 전자음악 소리 등으로 사용하고 있는 걸 쉽게 볼 수 있다. 이런 현실을 반영하는 풀이를 추가할 필요가 있다.

국어사전 안에 오리나 거위가 우는 소리를 나타내는 낱말은 없다. 오리 우는 소리가 어떠냐고 사람들에게 물어보면 대부분 '꽥꽥' 혹은 '꿱꿱'이라고 대답할 것이다. 하지만 두 낱말의 풀이에는 목청을 높여 크게 지르는 소리라는 내용만 있을 뿐 오리와 관련한 내용은 없다. 그러거나 말거나 오리 울음소리를 나타내고자 할 때는 '꽥꽥'이나 '꿱꿱'을 쓰면 된다. 이미 많은 사람이 관용적으로 그렇게 표현하고 있으므로 아무런 문제가 없다. 간혹 '꽉꽉'을 쓰는 사람들도 있는데 마찬가지로 얼마든지 써도 된다.

거위 울음소리는 무척 크고 사나운 편인데, 다음과 같은 낱말이 북한어로 분류되어 있다.

<u>께옥</u> ［북한어］ 거위가 크게 우는 소리.

<u>께옥께옥</u> ［북한어］ 거위가 크게 자꾸 우는 소리.

참고

국어사전 안에는 닭, 오리, 거위의 동작과 관련한 의태어가 안 나온다. 다만 다음 낱말들을 통해 어떤 의태어를 사용하면 좋을지 짐작할 수 있다.

암탉걸음: 뒤뚱거리며 걷는 걸음.

씨암탉걸음: 아기작아기작 가만히 걷는 걸음.

오리걸음: 1. 오리가 걷는 것처럼 뒤뚱거리며 걷는 걸음. 2. 벌이나 운동의 목적으로 쭈그리고 앉아서 걷는 걸음.

거위걸음: 거위가 걷는 것처럼 어기적어기적 걷는 걸음.

새와 곤충이 우는

소리들

새나 곤충의 이름은 그들이 우는 소리를 따서 붙인 경우가 많다. '부엉부엉' 운다고 해서 부엉이, '꾀꼴꾀꼴' 운다고 해서 꾀꼬리, '베짱베짱' 운다고 해서 베짱이라고 이름 붙이는 식이다. 그중에서 '소쩍소쩍' 하고 우는 소쩍새 울음소리와 관련해서는 슬픈 전설이 전해온다. 가난한 집에 시집온 며느리가 있었는데, 솥이 작아서 식구들 밥을 다 푸면 자신의 몫이 없었다고 한다. 그러다 굶어 죽은 며느리가 새가 되어 '솥적솥적' 하고 울었다는 얘기다.

"따옥따옥 따옥 소리 처량한 소리"라는 가사를 지닌 동요 〈따오기〉가 있다. 1925년에 한정동이 작사하고 윤극영이 작곡해서 널리 불렸던 노래다. 가사에 따오기 소리가 들어 있는데, 동요에는 이런 의성어를 활용한 게 많다. 최순애가 작사하고 박태준이 1930년에 작곡한 〈오빠 생각〉 같은 동요가 대표적이다. 1절은 이렇게 시작한다.

뜸북뜸북 뜸북새 논에서 울고
뻐꾹뻐꾹 뻐꾹새 숲에서 울 제.

뜸부기와 뻐꾸기가 울면 돌아오겠다고 약속한 오빠는 봄과 여름이 가고 가을이 왔는데도 돌아올 줄 모른다. 그런 애타는 마음이 2절에 담겼다.

기럭기럭 기러기 북에서 오고
귀뚤귀뚤 귀뚜라미 슬피 울건만.

'기럭기럭'은 기러기가 우는 소리라는 뜻으로 국어사전에 실려 있다. 그런데 기러기는 정말 '기럭기럭' 소리를 내며 울까? 사람들에게 기러기 울음소리가 어떻게 나냐고 물으면 대개 '끼룩끼룩' 울지 않냐고 하지 않을까? 실제로 검색을 해보면 '끼룩끼룩'을 많이 사용하고 있음을 알 수 있다.

끼룩끼룩 '끼루룩끼루룩'의 준말.

끼루룩끼루룩 기러기나 갈매기 따위의 새가 자꾸 우는 소리.

끼룩끼루룩 기러기나 갈매기 따위의 새가 짧게 한 번 울고 이어서 길게 또 한 번 우는 소리.

기러기 울음소리와 갈매기 울음소리가 흡사하게 들리는 모양이다. 그런데 '끼룩끼룩'의 동음이의어 하나가 더 보인다.

끼룩끼룩 무엇을 내다보거나 목구멍에 걸린 것을 삼키려고 목을 길게 빼어 자꾸 앞으로 내미는 모양.

유의어로 '꺄룩꺄룩'을 제시했는데, 풀이에 나오는 의미처럼 '끼룩끼룩'을 사용하는 사람이 얼마나 될까 싶다.

새 이름과 우는 소리가 일치하지 않는 것들도 있다. '짹짹' 우는 참새가 그렇고, '구구' 하고 우는 닭이나 비둘기도 마찬가지다. 비둘기 울음소리로는 '꾹꾹'도 표제어로 올라 있다. 그중에는 매우 특이한 울음소리도 있다.

비오 솔개가 우는 소리.(첩어: 비오비오)

《고려대한국어대사전》에는 아래 낱말이 하나 더 나온다.

243

뚜루룩 두루미 따위가 우는 소리를 나타내는 말.

까치와 까마귀는 어떻게 울까?

깟깟 까치가 우는 소리.

까옥 까마귀가 우는 소리.(첩어 : 까옥까옥)

깍 까마귀나 까치 따위가 우는 소리.(첩어 : 깍깍)

《고려대한국어대사전》에는 몇 개가 더 실려 있다.

까악 까마귀나 까치 따위가 우는 소리를 나타내는 말.(첩어 :
　　　까악까악)

까작까작 까치가 우는 소리를 나타내는 말.

　재미있는 건 까마귀가 우는 소리인 '까옥'과 '까옥까옥'은
북한어로 소개하고 있다는 사실이다. 남한의 까마귀는 '까
옥' 하고 울고, 북한의 까마귀는 '까욱' 하고 운다면 그것도 참
납득하기 어렵지만 그만큼 말에 대한 감각이 서로 다를 수 있
음을 인정하면 될 일이다.
　왜가리가 우는 소리로 '왝왝'이 표제어에 있으며, 특별한
종류의 새소리가 아니라 일반적인 새소리도 국어사전 안에

있다.

찍 쥐나 새 따위가 우는 소리.(첩어 : 찍찍)
배쫑배쫑 산새가 잇따라 우는 소리.

이번에는 곤충과 양서류의 울음소리를 살펴보자. '맴맴' 운다고 해서 매미가 됐다는 건 다 아는 사실이다. 그런데 아래 낱말은 뭘까?

쓰름쓰름 쓰름매미가 우는 소리.

매미도 종류가 여러 가지다. 그중 하나인 쓰름매미는 다른 말로 '쓰르라미'라고도 한다. 쓰르라미나 쓰름매미는 '쓰름쓰름'에서 따온 이름이다.

쓰르르 귀뚜라미 따위의 풀벌레가 한 번 우는 소리를 나타내는 말.(첩어 : 쓰르르쓰르르)

귀뚜라미 울음소리로 '귀뚤귀뚤'만 있는 게 아님을 알 수 있다.

찌르륵 찌르레기나 곤충 따위가 우는 소리.

씨르륵 여치 따위의 풀벌레가 한 번 우는 소리.(첩어: 씨르륵

씨르륵)

'씨르륵'과 여치는 어떻게 연결되는 걸까? 여치의 다른 이름이 '씨르래기'라는 사실을 알면 궁금증이 금세 풀린다.

'개골개골' 혹은 '개굴개굴' 운다고 해서 개구리, '맹꽁맹꽁' 운다고 해서 맹꽁이라는 이름을 얻었다. 맹꽁이 울음소리 하나가 더 있다.

맹꽁징꽁 1. 맹꽁이가 잇따라 우는 소리. 2. 남이 알아듣지 못할 말로 요란스럽게 지껄이는 모양.

조상들의 말 만드는 솜씨를 엿볼 수 있는, 어감이 참 재미있게 다가오는 의성어다. 같은 양서류에 속하는 두꺼비도 울긴 할 테지만 국어사전에서 두꺼비 울음소리를 나타내는 말은 찾을 수 없다.

꿩이
우는

소리

꿩은 주변 야산에서도 흔히 볼 수 있는 텃새다. 그러므로 꿩이
우는 소리도 어렵지 않게 들을 수 있다. 꿩은 어떤 소리를 낼
까? 글 속에서 꿩 울음소리를 나타낸 표현을 찾아보면 '꿩꿩'
하는 소리를 내며 운다고 해놓은 것이 많다. 하지만 국어사전
에서 '꿩꿩'을 찾으면 아래와 같이 나온다.

꿩꿩 1. 무겁고 단단한 물체가 잇따라 바닥에 떨어지거나 다
른 물체와 부딪쳐 크게 울리는 소리. 2. 잇따라 총이나
대포를 쏘거나 폭발물이 터져서 크게 울리는 소리.

《표준국어대사전》의 풀이인데, 꿩과 관련한 내용은 보이

지 않는다. 다른 국어사전들도 마찬가지이며, 한글학회가 펴
낸 《우리말 큰사전》에서는 '꿩꿩'을 '꺽꺽'의 제주도 방언이
라고 했다. '꺽꺽'은 숨이 막힐 정도로 우는 소리를 나타내기
도 하지만 다음과 같은 뜻도 있다.

꺽꺽 장끼가 우는 소리.

한글학회가 '꿩꿩'을 제주도 방언이라고 한 까닭은 무엇 때
문일까? 제주도에서 유래했다고 알려진 전래 동요 중에 〈꿩꿩
장 서방〉이라는 제목의 노래가 있기 때문이 아닐까 싶다. 채
록한 이에 따라 가사가 조금씩 다르긴 한데, 첫 부분은 이렇
게 시작한다.

꿩꿩 장 서방 자네 집이 어딘고.
이 산 저 산 넘어서 솔밭집이 내 집일세.

장 서방이란 장끼를 의인화한 표현이다. 이 노래가 제주
도에서 유래했다고는 하지만 지금은 전국 어느 곳에서나 놀
이를 곁들여 함께 부르는 노래로 자리 잡았다.

꿩이 '꿩'이라는 이름으로 불리게 된 건 울음소리에서 따
왔기 때문이라는 게 대체적인 의견이다. 《고려대한국어대

사전》에서는 '꿩' 항목에 다음과 같은 내용을 덧붙이고 있다.

> ▶ '꿩'은 《용비어천가》(1447, 88장)에 '꿩'의 형태로 처음 나타난
> 다. 이 단어의 어원은 분명히 알기 어려운데 아마도 수꿩인 장
> 끼가 내는 소리인 의성어(擬聲語) '꿩'에서 온 말로 추정할 수
> 있을 것이다.

꿩이 우는 소리로 '꺽꺽'보다는 '꿩꿩'이 어울린다는 생각
을 떨칠 수 없다. '꺽꺽'의 풀이를 보면 그냥 꿩이 우는 소리
가 아니라 수꿩인 장끼가 우는 소리라고 했으며, 다음 낱말
도 마찬가지다.

<u>꺽꺽푸드덕</u> 장끼가 울며 홰치는 소리.

'푸드덕'은 또 이렇게 풀이하고 있다.

<u>푸드덕</u> 1. 큰 새가 힘 있게 날개를 치는 소리. 또는 그 모양. 2.
　　　　큰 물고기가 힘 있게 꼬리를 치는 소리. 또는 그 모양.

장끼만 특별 대우하는 이유가 뭘까? 어디선가 저 낱말이
쓰였기 때문일 텐데,《고려대한국어대사전》에 속담 하나가

올라와 있다.

푸드덕 장끼 갈 제 아로롱 까토리 따라가듯
둘이 서로 떨어지지 않고 붙어 다니는 것을 비유적으로 이
르는 말.

　'까토리'는 까투리를 이르는 말이고, '아로롱'은 작은 무늬
나 점 따위가 고르게 촘촘한 모양을 뜻하는데 '아롱'이나 '아
롱아롱'과 통하는 말이다. 이해하기 힘든 건 '아로롱'은 북한
어로 처리했으나 '아로롱아로롱'은 우리 국어사전에 표제어
로 올라 있다는 사실이다.

　암꿩인 까투리가 우는 소리를 나타내는 말은 어디에도
없다. 꿩을 다룬 백과사전들을 찾아보니 장끼 울음소리가 까
투리 울음소리보다 크다는 내용이 나온다. 그런 까닭에 장끼
울음소리만 부각돼서 그런가 싶기는 하다.

나는 모양과
소리를

나타내는
말들

모기나 벌 혹은 날벌레가 날아갈 때 나는 소리로 '앵앵', '윙윙', '웽웽', '잉잉' 같은 말들이 있다. 이런 의성어 말고 이처럼 작은 것들이 날아가는 모양을 나타내는 의태어는 국어사전에 없으며, 그보다 조금 큰 나비 같은 곤충이 날아가는 모양을 나타낼 때 흔히 '팔랑', '팔랑팔랑'을 쓴다. 팔랑거리며 날아가는 모습에 빗대어 팔랑나비라는 이름을 붙인 종류가 많다는 걸 생각하면 '팔랑'과 '나비'는 잘 어울리는 쌍이다.

팔라당 '팔랑'의 본말.
팔라당팔라당 '팔랑팔랑'의 본말.

큰말인 '펄러덩'과 '펄러덩펄러덩'도 있다. '팔랑'은 어떻게 풀이하고 있을까?

> 팔랑 1. 바람에 가볍고 힘차게 나부끼는 모양. 2. 나비나 나뭇잎 따위가 가볍게 날아다니는 모양.

'팔랑'의 본말이 '팔라당'이라는《표준국어대사전》의 풀이는 맞는 걸까? '팔랑'이 먼저 나왔는지 '팔라당'이 먼저 나왔는지 무슨 수로 확인할 수 있을까? 오히려 '팔랑'이라는 말을 재미있게 꾸미려고 하는 과정에서 '팔라당'이 갈라져 나왔다고 보는 게 더 합리적으로 여겨지기도 한다. 문법 용어 중 '준말'은 있어도 '늘인말'이나 '긴말'은 없지만, 긴 말을 줄인 게 있으면 짧은 말을 늘여서 만든 것도 있으리란 건 어렵지 않게 상상할 수 있다.《고려대한국어대사전》은 '팔라당'을 다른 말 없이 "작은 깃발이나 옷 따위가 바람에 날려 가볍고 부드럽게 나부끼는 모양을 나타내는 말"이라고만 풀이했다.

하늘 높이 자유롭게 날아가는 새를 '훨훨' 난다고 표현한다. 같은 계열의 말로 '홀홀', '활활', '홀홀'이 표제어에 있긴 하지만 '훨훨'에 비해 쓰임새가 극히 적다.

'훨훨'에 대응할 만한 낱말은 '펄펄'이다. 고구려 유리왕이

지었다는 고대 시가 〈황조가〉의 첫 구절을 흔히 '펄펄 나는 저 꾀꼬리'라고 번역하는 것처럼 '펄펄'은 새가 힘차게 날아가는 모양을 나타낼 때 쓴다. 새가 날아가는 모양을 가리킬 때 ㅎ으로 시작하는 말보다는 ㅍ으로 시작하는 말이 많다. 새의 날갯짓 소리와 연결하여 말을 만들었기 때문일 것이다. '파닥파닥'이나 '퍼덕퍼덕' 같은 말을 생각하면 쉽게 이해할 수 있는 일이다. 그보다 센 말인 '파딱파딱'이나 '퍼떡퍼떡' 같은 말도 표제어로 올라 있지만 '파드닥파드닥'이나 '푸드덕푸드덕' 같은 말을 더 쉽게 만날 수 있다.

양성모음을 쓸 때와 음성모음을 쓸 때 전해지는 느낌이 달라지는데, 그래서 국어사전 편찬자들은 '파닥파닥'은 작은 새, '퍼덕퍼덕'이나 '푸덕푸덕'은 큰 새가 날개를 치는 소리라는 식으로 풀이하고 있다. 다른 말 몇 개를 더 살펴보자.

<u>포도동포도동</u> 작은 새가 갑자기 날개를 치며 날 때 잇따라 나는 소리. 또는 그 모양. (큰말: 푸두둥푸두둥)
<u>포르릉포르릉</u> 작은 새들이 잇따라 갑자기 매우 가볍게 나는 소리. 또는 그 모양. (큰말: 푸르릉푸르릉)

'포르릉포르릉'과 '푸르릉푸르릉'은 《표준국어대사전》에만 실려 있다. 대신 다음 낱말은 《표준국어대사전》에는 없

고 《고려대한국어대사전》에만 실려 있다.

> <u>푸릉푸릉</u> 작은 새가 날개를 치며 날아오르는 소리를 나타
> 내는 말.
> <u>푸득푸득</u> 새가 날개를 잇따라 크고 힘차게 치는 소리를 나타
> 내는 말. 또는 그 모양을 나타내는 말.

이상한 건 '포로롱'과 '포로롱포로롱'은 어느 사전에도 없다는 사실이다. '푸르릉'에 대응하려면 '포르릉'보다는 '포로롱'이 모음조화 현상에 맞고, 이 말이 더 작고 귀여운 느낌을 주지 않는가. '포로롱'이 아예 쓰이지 않는다면 몰라도 꽤 많이 쓰이고 있음을 어렵지 않게 확인할 수 있다. 더구나 《고려대한국어대사전》의 '으허허' 항목 아래 다음과 같은 예문이 실려 있으니, 이걸 어떻게 받아들여야 할지 모르겠다.

> ▶ 나는 참새 한 마리가 포로롱 날아가자 우스운 일도 아닌데 으
> 허허 웃어버렸다.

어떤 낱말을 선택하고 어떤 낱말을 버릴지에 대한 권한을 국어사전 편찬자들이 쥐고 있다고는 하지만 그런 권한의 행사가 자의적이라는 느낌을 지우기 힘들다. 무른 똥을

눌 때 나는 소리를 나타내는 '부드득'의 거센말은 '푸드득'을 써야 한다면서 새가 날갯짓하는 소리인 '푸드득'은 비표준어이므로 '푸드덕'으로 써야 한다는 것도 마찬가지다.

포롱포롱, 포릉포릉, 포록포록, 푸룩푸룩은 모두 북한어로 밀어냈다. '포롱포롱'과 '포릉포릉'은 꽤 많은 사람이 쓰고 있는 말인데도 그렇다. 이상한 건 '포록대다'와 '포록거리다', '푸룩대다'와 '푸룩거리다'가 《표준국어대사전》에 표제어로 올라 있다는 사실이다.

푸룩대다 새가 갑자기 날개를 치며 날아가다. ＝푸룩거리다.

'푸룩푸룩'은 북한말이고 '푸룩대다'는 남한말이라고 하면 앞뒤가 안 맞는 처리 방식이라 하지 않을 수 없다. 새가 날아가는 소리로 '포르르'와 '푸르르'도 표제어로 실려 있다. 그런데 이번에도 '포르르포르르'와 '푸르르푸르르'는 북한어로 처리했다. 뜻이 비슷한 다음 낱말들을 보자.

호르르 작은 새 따위가 날개를 가볍게 치며 날아가는 소리.
　　　 또는 그 모양.
호로록 작은 새 따위가 날개를 가볍게 치며 갑자기 날아가는
　　　 소리. 또는 그 모양.

큰말인 '후르르', '후루룩'과 준말인 '호록'과 '후룩' 역시 표제어에 있다. 거기에 더해 '호르르호르르'와 '호로록호로록', '후르르후르르'와 '후루룩후루룩'은 물론이려니와 '호록호록'과 '후룩후룩'도 표준어로 인정하고 있다. 그런데 '포르르포르르'와 '푸르르푸르르'는 왜 남한의 표준어로 인정하지 않는지 납득하기 어렵다.

큰 새가 날아갈 때는 '푸드덕'을 쓰고, 작은 새가 날아갈 때는 '포드닥'을 쓴다. '포드닥포드닥'과 '푸드덕푸드덕'도 표제어로 올라 있다. '푸드덕푸드덕'을 줄인 건 '푸덕푸덕'이고, 아래 낱말은 '포드닥포드닥'을 줄인 말이다.

<u>포닥포닥</u> 1. 작은 새가 가볍고 재빠르게 잇따라 날개를 치는 소리. 또는 그 모양. 2. 작은 물고기가 가볍고 재빠르게 잇따라 꼬리를 치는 소리. 또는 그 모양.

'파닥파닥'은 많이 쓰는 말이지만 '포닥포닥'이라는 표현을 쓰는 사람이 얼마나 될까? 《표준국어대사전》은 같은 계열의 '포딱포딱'과 '푸떡푸떡'도 함께 실어놓았다. 이처럼 거의 쓰일 것 같지 않은 낱말 대신 북한어로 처리했던 낱말들을 끌어안는 게 먼저 해야 할 일 아닐까?

새가 날아가는 소리나 모양을 뜻할 때는 '푸드득'이 아니라 '푸드덕'을 써야 한다는 게 국어사전 편찬자들의 입장이다. 대신 '푸드득'은 다음과 같이 풀이하고 있다.

푸드득: 1. 든든하고 질기거나 번드러운 물건을 되게 문지르거나 마주 갈 때 나는 소리. '부드득'보다 거센 느낌을 준다. 2. 무른 똥을 힘들여 눌 때 나는 소리. '부드득'보다 거센 느낌을 준다.

유의어로 풀이에 있는 '부드득'을 포함해 '바드득', '보드득', '빠드득', '뽀드득', '뿌드득'을 싣고 있다. '푸드득'과 함께 '파드득'도 같은 뜻을 지닌 말로 인정하고 있다. 새가 날개를 치는 건 '파드닥'이라고 해야 한다.

덤부렁

듬쑥

‘소복소복’이라고 하면 눈이 탐스럽게 쌓인 모습을 연상하게
된다. 국어사전에는 ‘소복소복’이 쌓이거나 담긴 물건이 여
럿이 다 볼록하게 많은 모양을 가리키는 말이라는 풀이가 먼
저 나오고, 이어서 식물이나 털 따위가 여기저기 촘촘하고 길
게 나 있는 모양을 나타낸다는 풀이가 나온다. ‘소복소복’보
다 큰 말은 ‘수북수북’이고, ‘그 길은 잡초가 수북수북 우거져
지나갈 수가 없다’처럼 쓴다.

‘소복소복’, ‘수북수북’과 뜻이 비슷한 낱말이 있다.

<u>다복다복</u> 풀이나 나무 따위가 여기저기 아주 탐스럽게 소복
한 모양.

더북더북 1. 풀이나 나무 따위가 여기저기 아주 거칠게 수북한 모양. 2. 먼지 따위가 일어 여기저기 자욱한 모양.

두 낱말에서 '다보록다보록'과 '더부룩더부룩'이 갈라져 나왔다. '알록달록'이 '알로록달로록'을, '얼룩덜룩'이 '얼루룩덜루룩'을 만든 것과 같은 조어법인데, 이와 같은 방식으로 이루어진 낱말이 많다.

'소복소복'이 식물이나 털이 자란 모양을 나타내는 데 반해 '다복다복'은 거기에 나무가 자란 모양을 덧붙였다. 같은 계열의 낱말이라도 형태가 변하면서 뜻이 조금씩 달라지는 경우가 있는데, 그건 '더부룩더부룩'도 마찬가지다. '더부룩더부룩'에는 먼지 대신 수염이나 머리털이 어지럽게 자란 모양을 나타내는 뜻이 있기 때문이다. 덧붙이자면 '더부룩더부룩'은 소화가 잘 안 되어 배 속이 자꾸 거북한 모양을 나타내는 뜻을 지닌 동음이의어가 하나 더 있다.

'다복다복'과 반대의 뜻을 지닌 낱말이 있다.

나슬나슬 가늘고 짧은 털이나 풀 따위가 보드랍고 성긴 모양.(큰말: 너슬너슬)

《표준국어대사전》은 유치환 시인의 수필 〈나는 고독하지 않다〉에 나오는 구절을 예문으로 제시하고 있다.

▶ 떨어진 씨앗에서 생겨난 전나무 어린 묘목들이 나슬나슬 자라나고 있다.

정감 어린 느낌으로 다가오는 낱말이 있어 소개한다.

<u>덤부렁듬쑥</u> 수풀이 우거져 그윽한 모양.

'덤부렁'은 언뜻 '더부룩'과 관련 있을 것 같지만 그렇지는 않다. 국어사전에서 '덤부렁'을 찾으면 덤불의 충북 방언이라고 나온다. 덤불과 수풀 사이의 의미상 거리가 꽤 가까우므로 '덤부렁'이 '덤불'과 관련 있고, 그래서 '덤부렁듬쑥'의 풀이에 '수풀'이 등장했을 것이다. 그렇다면 듬쑥은 어떤 의미를 지니고 있을까?

<u>듬쑥</u> 손으로 탐스럽게 쥐거나 팔로 정답게 안는 모양.

위 풀이 외에 다른 뜻은 보이지 않는다. 그런데 왠지 '덤부렁듬쑥'의 풀이와 가깝게 어울린다는 느낌이 들지 않는다. 이

번에는 용언으로 된 낱말을 찾아보았다.

듬쑥하다 분량이나 수효가 매우 넉넉하다.

'아하!' 하는 느낌이 바로 오면서 '덤부렁듬쑥'이라는 낱말
에 대한 궁금증이 풀렸다.

'덤부렁듬쑥'은 한자어로 된 '울창(鬱蒼)하다' 혹은 '울울창
창(鬱鬱蒼蒼)하다'와 통하는 말이다. 다만 '덤부렁듬쑥'이 다소
아늑한 느낌을 주는 데 비해 '울창하다'는 나무가 훨씬 빽빽
하게 들어찬 모양을 가리킬 때 많이 쓴다.

참고

'다복다복'에서 비롯한 말로 '다복솔'이 있다.

다복솔: 가지가 탐스럽고 소복하게 많이 퍼진 어린 소나무.

다복솔이 많이 모여 자라는 곳을 뜻하는 '다복솔밭'이라는 말
도 국어사전 표제어에 있으며, 줄여서 그냥 '다복밭'이라고도
한다.

나무와 풀과 관련한 의태어 몇 개 더 소개한다.

문실문실: 나무 따위가 거침없이 잘 자라는 모양.

모도록: 채소나 풀 따위의 싹이 빽빽하게 나 있는 모양. 늑모
도록이.

아느작아느작: 부드럽고 가느다란 나뭇가지나 풀잎 따위가
춤추듯이 가볍게 잇따라 흔들리는 모양.(유의어: 아늑아늑)

새득새득: 꽃이나 풀 따위가 조금 시들고 말라서 생기가 없
는 모양.

콩켸

팥켸

콩과 팥은 생김새가 비슷해서 사촌지간이라 할 만하다. 콩을 한자로 두(豆)라 하는데, 팥은 콩보다는 크기가 조금 작은 편이라 소두(小豆)라고 한다. 그래서 콩과 팥은 서로 붙어 다닐 때가 많다. 우리 신체 내부의 장기 중 하나가 콩팥이라는 이름을 달고 있는 것도 그렇고, 콩쥐와 팥쥐라는 이름을 가진 주인공이 등장하는 옛이야기가 있는 걸 보아도 그렇다. 속담으로는 "콩이야 팥이야 한다", "콩을 팥이라고 우긴다", "콩 심은 데 콩 나고 팥 심은 데 팥 난다" 같은 것들이 있다. 콩이나 팥은 다 익으면 깍지가 벌어져 알갱이들이 튀어나오는데, 그런 모습에 빗대어 "콩 튀듯 팥 튀듯"이라는 관용구도 만들어 썼다.
　콩과 팥을 끌어들여 만든 의태어가 있다.

콩켸팥켸 사물이 뒤섞여서 뒤죽박죽된 것을 이르는 말.

이 말은 '콩켜팥켜'가 변한 말로, 콩고물로 만든 켜와 팥고물로 만든 켜를 합쳐놓은 모양이라는 뜻으로 만들었다. 시루떡을 만들어 찔 때 콩이나 팥은 물론 쑥이나 버섯, 밤 등 다양한 재료를 사용해 층이 지게 켜를 쌓는다. 이때 무엇으로 켜를 쌓느냐에 따라 시루떡의 종류가 결정된다. 그런데 콩고물과 팥고물이 섞여버리면 이도 저도 아닌 시루떡이 될 수밖에 없다. 그런 모습에 빗대어 만든 게 '콩켸팥켸'라는 말이다.

국어사전에서는 이 말을 명사로 분류하고 있지만 언중이 사용하는 용례를 보면 의태어의 용법을 지닌 부사로 사용하는 경우가 많다. '방 안이 콩켸팥켸가 되었다'로 쓰기도 하지만 '방 안을 콩켸팥켸 어질러놓았다'처럼 쓰는 사람들이 있다는 얘기다. 말을 쓰는 사람의 잘못이 아니라, 그렇게 써도 어색하지 않다고 여기는 이가 많다면 그에 맞게끔 문법을 수정하는 것이 옳다. 그건 '뒤죽박죽'도 마찬가지다. 《표준국어대사전》은 '뒤죽박죽'을 명사로만 규정했지만 《고려대한국어대사전》은 명사와 함께 부사로도 인정하고 있다. 변화된 말의 쓰임새를 제대로 반영하는 게 국어사전의 역할이기도 할 것이다.

'콩켸팥켸'와 통하는 말로 위 풀이에 나오는 '뒤죽박죽'은

워낙 많이 사용하는 터라 따로 설명이 필요 없지만 아래 낱말
들을 함께 기억해두면 좋겠다.

억박적박 뒤죽박죽 어긋나 있는 모양.
어빡자빡 여럿이 서로 고르지 아니하게 포개져 있거나 자빠
져 있는 모양.

'억박적박'은 '온갖 난제가 실타래처럼 억박적박 꼬여 있
다'와 같은 식의 문장을 만들어 쓰면 된다. 주의할 건 형태가
비슷한 아래 낱말과 혼동하면 안 된다는 사실이다.

억적박적 이리저리 경중거리며 바쁘게 뛰는 모양.

'콩켸팥켸'와 뜻이 통하는 의태어가 있다.

검불덤불 한데 뒤섞이고 엉클어져 갈피를 잡을 수 없이 어
수선한 모양.

이 낱말은 어렵지 않게 의미를 짐작할 수 있다. '검불'은
'가느다란 마른 나뭇가지, 마른 풀, 낙엽 따위를 통틀어 이르
는 말'이고, '덤불'은 '어수선하게 엉클어진 수풀'을 뜻하는 말

이다. 검불이 덤불을 만나 섞이면 어떤 상태가 될지 뻔한 일 아니겠는가.

'콩'이 들어간 부사가 국어사전 안에 하나 더 있다.

콩팔칠팔 1. 갈피를 잡을 수 없도록 마구 지껄이는 모양. 2. 하찮은 일을 가지고 시비조로 캐묻고 따지는 모양.

콩이냐 팥이냐를 두고 따지는 '콩팥칠팥'에서 왔을 것이라고 하는 사람도 있으나 분명치는 않다. 한자어인 '횡설수설 (橫說竪說)'과 통하며, 각각 다음과 같이 사용하면 된다.

▸ 제대로 알지도 못하면서 콩팔칠팔 떠들지 말게.
▸ 자꾸만 콩팔칠팔 따지고 드는 사람들과는 말을 섞을 필요가 없다.

주저리

주저리

해방을 한 해 앞두고 중국 베이징의 감옥에서 순국한 이육사 시인의 대표작으로 무엇을 꼽을 수 있을까? 〈광야〉나 〈절정〉을 꼽는 이들도 있겠으나 가장 널리 알려지고 애송되는 대표작은 역시 〈청포도〉가 아닐까 싶다.

시는 이렇게 시작한다.

내 고향 칠월은

청포도가 익어가는 시절

이 마을 전설이 주저리주저리 열리고.

적절히 사용한 '주저리주저리'라는 의태어가 시의 맛을 잘 살리고 있다. 그런데 '주저리주저리'를 국어사전에서 찾아본 사람이라면 고개를 갸웃거릴 듯하다. 뜻풀이가 다음과 같기 때문이다.

> 주저리주저리 1. 너저분한 물건이 어지럽게 많이 매달려 있는 모양. 2. 너저분하게 이것저것 끊임없이 이야기하는 모양.

두 번째 뜻으로는 흔히 '주절주절'로 줄여서 말하는 경우가 많고, '주절대다', '주절거리다' 같은 표현도 많이 쓴다. 문제는 첫 번째 풀이다. '너저분한', '어지럽게' 같은 말들이 이육사의 시에서 맛본 감흥을 깨뜨리기 십상이다. 국어사전의 뜻풀이가 잘못된 걸까, 아니면 이육사 시인이 어휘를 잘못 선택해서 사용한 걸까? 대부분의 사전에서 비슷한 의미로 풀이하고 있으니 국어사전의 뜻풀이가 잘못되지는 않았을 것이다. '주저리주저리'를 탄생시킨 명사 '주저리'가 별도 표제어로 있다.

> 주저리 1. 너저분한 물건이 어지럽게 매달리거나 한데 묶여 있는 것. 2. 일정한 양의 볏짚의 끝을 모아 엮어서 무

엇을 씌울 수 있도록 만든 물건. 겨울에 꽃나무나 김
칫독 위에 덮어씌워 눈비를 가리며 추위를 막는 데
쓴다.

두 번째 풀이에 나오는 '주저리'는 아름다움에 대한 고려
보다는 쓸모를 위해 볏짚을 대충 묶어서 만든 물건이다. 따
라서 그다지 볼품은 없으며, 첫 번째 풀이와도 통하는 지점
이 있다. '주저리'보다 작은 느낌을 표현할 때는 '조자리'라는
말을 쓴다.

열매가 많이 매달린 모양을 나타낼 때는 보통 '주렁주렁'
이라는 의태어를 쓴다. 하지만 시인들은 흔한 표현 대신 자
기만의 취향과 미감에 따라 다른 말을 찾거나 새로 만들어서
쓰기도 한다. 이육사 시인이 '주렁주렁'을 피한 건 표현하고
자 한 대상이 포도송이였기 때문일 터다. '주렁주렁'은 보통
사과나 배처럼 덩어리를 이룬 열매가 여기저기 많이 달리는
걸 표현할 때 쓴다. 그에 반해 포도는 작은 알갱이가 다닥다
닥 붙은 모양이며, 그렇게 뭉치를 이룬 포도송이들이 가지마
다 매달려서 익어간다. 그러니까 '다닥다닥'과 '주렁주렁'이
합쳐진 말이 필요했을 것으로 짐작할 수 있다. 그렇게 해서
선택한 낱말이 '주저리주저리'가 아니었을까 하는 게 내 판
단이다.

이육사 시인으로 인해 '주저리주저리'는 국어사전 안에 담긴 뜻을 넘어 새로운 미감을 얻었다. 아직은 국어사전의 뜻풀이가 바뀌지 않았지만 언젠가는 긍정성을 담은 풀이가 추가될 것으로 믿는다. 낱말이 늘 고정된 뜻만 유지하는 건 아니다. 가령 '너무'라는 부사는 부정문에만 쓰일 수 있었는데 사람들이 너도나도 긍정문 속에 넣어 강조의 의미를 담다 보니 국립국어원에서 '너무'를 긍정문에도 쓸 수 있다고 인정한 사례를 예로 들 수 있겠다. '주저리주저리'를 어지럽게 매달린 모양이 아니라 아름답고 풍성하게 매달린 모양을 나타내는 말로 자주 사용하면 국어사전도 그런 용법을 받아안을 수밖에 없다.

참고

'주저리주저리'와 뜻이 비슷한 의태어가 있다.

드레드레: 1. 물건이 많이 매달려 있거나 늘어져 있는 모양. 2. 욕심이나 심술 따위가 많은 모양.(작은말: 다래다래)

《표준국어대사전》은 두 개의 뜻 아래 각각 다음과 같은 예문을 제시하고 있다.

▶ 이 무렵의 고향은 청포도가 드레드레 늘어져 익어간다.
▶ 양 볼에는 욕심이 드레드레 달려 있는 듯하다.

한편 '드레드레'는 다른 뜻을 가진 감탄사로도 사용된다.

드레드레: 벌 떼가 분봉(分蜂)하려고 통 밖에 나가 한데 모여 붙은 것을 받아들이기 위하여 멍덕이나 수봉기(受蜂器)를 대고 몰아넣을 때 내는 소리.

6.

생각
해볼
말들

억울하게
표준어에서

밀려난
말들

우리말 실력을 다루는 퀴즈 프로그램에 자주 등장하는 문제는 대체로 어떤 표기가 맞춤법에 맞느냐 하는 것들이다. 당연히 헷갈리기 쉽거나 사람들이 잘못 쓰는 말들이 문제로 등장해서 출연자들을 곤혹스럽게 만든다.

가령 '결치적결치적'과 '거치적거치적' 중 어느 게 맞는 말이냐고 물으면 '결치적결치적'에 손을 들어줄 사람이 많지 않을까? 하지만 짐작했듯이 '거치적거치적'이 맞는 말이다. 이런 식의 문제를 내는 이유는 사람들이 평소에 잘못 사용하는 낱말을 골라서 출제해야 응답자의 허를 찌를 수 있기 때문이다. 일단 '거치적거치적'의 뜻을 알아보자.

거치적거치적 1. 거추장스럽게 여기저기 자꾸 거치거나 닿는 모양. 2. 거추장스러워서 거슬리거나 자꾸 방해가 되는 모양.

같은 계열의 말로 '가치작가치작', '까치작까치작', '꺼치적꺼치적'이 표제어로 올라 있다. 그런데 구글에서 검색해보면 '거치적거치적'은 약 29만 개가 나오고, '걸치적걸치적'은 약 67만 2천 개가 나온다. 그만큼 사람들이 일상 언어생활에서 '걸치적걸치적'을 많이 쓰고 있음을 보여주는 사례다. 사람들이 왜 국어사전이 비표준어라고 하는 '걸치적걸치적'을 많이 쓰고 있을까? 아래 낱말의 영향을 받은 게 아닐까 하는 게 내 짐작이다.

걸리적거리다 1. 거추장스럽게 자꾸 여기저기 걸리거나 닿다. 2. 거추장스럽거나 성가시어 자꾸 거슬리거나 방해가 되다.

'거치적거리다'와 같은 뜻을 지닌 낱말이다. '걸리적걸리적'을 쓰는 이들도 더러 있긴 하지만 이 말은 국어사전에 담기지 않았다. '걸리적'을 많이 쓰다 보니 자연스레 그 말에 이끌려 '거치적'보다 '걸치적'이 입에 붙었을 것이다.

이런 사례 몇 가지가 더 있다. '뭉기적뭉기적'과 '밍기적밍기적' 중 무엇이 표준어에 해당할까? 둘 중에서 하나를 고른 이들은 모두 틀렸다. 두 낱말 모두 표준어가 아니기 때문이다. 국어사전에는 아래 낱말이 표준어로 올라 있다.

뭉그적뭉그적 1. 나아가지 못하고 제자리에서 조금 큰 동작으로 게으르게 행동하는 모양. 2. 나아가지 못하고 제자리에서 몸이나 몸의 일부를 조금 큰 동작으로 자꾸 느리게 비비대는 모양.

작은말은 '몽그작몽그작'이며, 세 낱말을 다시 구글에서 검색하니 다음과 같이 나왔다.

뭉그적뭉그적: 약 7만 9천 개
뭉기적뭉기적: 약 1,710만 개
밍기적밍기적: 약 76만 9천 개

비교가 안 될 정도로 '뭉기적뭉기적'이 압도적인 수치를 보여준다. 하지만 국어사전 편찬자는 검색 결과가 가장 적은 '뭉그적뭉그적'을 표준어로 삼고, '뭉기적뭉기적'은 북한어로 처리했다. '뭉그적뭉그적'은 어디서 가져왔을까? '뭉그다' 혹은 '뭉글다' 같은 말이 있다면 '뭉그적뭉그적'을 표준어로 채택한 까닭을 인정할 수 있겠지만 그런 말은 없다. 대신 아래 낱말들을 참고할 만하다.

뭉기다 1. 아래쪽으로 추어내리다. 2. 높이 쌓인 물건을 세게 허물다.

뭉개다 1. 앞으로 더 나아가지 못하고 한자리에서 미적거리다. 2. 비트적거리며 조금씩 겨우 움직이다. 3. 일을 어떻게 할 줄 모르고 미적미적하거나 우물우물하다.

'뭉개다'의 뜻이 '뭉그적뭉그적'의 뜻과 연결되고 있음을 알 수 있으며, '뭉기다'와 '뭉개다'의 거리도 그리 멀지 않게 다가온다. 그럼에도 '뭉기적뭉기적'을 버린 이유는 아래 낱말과 짝을 맞추기 위해서였을 거라고 짐작할 따름이다.

뭉긋뭉긋 1. 나아가는 시늉만 하면서 앉은 자리에서 게으르게 행동하는 모양. 2. 나아가는 시늉만 하면서 앉은 자리에서 몸이나 몸의 일부를 자꾸 비비대는 모양.(작은말: 몽긋몽긋)

같은 뜻을 지닌 '뭉깃뭉깃' 역시 북한어로 처리했으니 그

런 면에서 일관성은 있는 셈이다. 염상섭의 소설을 보면 '뭉
깃뭉깃'과 '뭉긋뭉긋'이 함께 나온다. '뭉깃뭉깃'은 1924년에
발표한 장편소설《너희들은 무엇을 얻었느냐》에 나오고, '뭉
긋뭉긋'은 1931년에 발표한 장편소설《삼대》에 나온다. 아
직 한글맞춤법이 통일되지 않았던 때이므로 두 가지 형태가
함께 쓰였다고 할 수 있다. 그러다가 1936년에 조선어학회
가《조선어 표준말 모음》을 출간했는데, 그때 '뭉깃뭉깃' 대
신 '뭉긋뭉긋'이 표준어로 선택되어 지금에 이르렀다.

'-그적'의 형태와 '-기적'의 형태가 대립하다 '-기적'이 승
리(?)를 거둔 말도 있다. '어기적어기적'이라는 낱말이다. 〈네
이버 뉴스 라이브러리〉를 통해 옛 신문 기사를 살펴보면 예
전에 '어그적어그적'이 쓰인 걸 확인할 수 있고, 그보다 작
은 말인 '아그작아그작'도 쓰였음을 알 수 있다. 하지만 지
금은 '어기적어기적'과 '아기작아기작'으로 통일되었다. 그
런데 왜 거꾸로 '뭉기적뭉기적'을 버리고 '뭉그적뭉그적'을
택했는지 알 길이 없다. 더 이상한 건 '끄적끄적'과 '끼적끼적'
둘 다를 표준어로 인정했다는 사실이다.

이런 사례를 보면 표준어 사정의 기준이 들쭉날쭉하다고
판단하지 않을 수 없다. 그러고 보니 '들쭉날쭉'과 '들쑥날쑥'
도 복수 표준어로 인정하고 있다. 이런 식으로 복수 표준어를
인정한 사례는 무척 많다. 심지어 '꺼림칙하다', '꺼림직하다',

'께름칙하다', '께름직하다'가 모두 표준어로 인정받고 있다. 그렇다면 최소한 '뭉그적뭉그적'과 '뭉기적뭉기적'을 복수 표준어로 인정하는 방법도 있겠다. 언중 다수가 활발하게 쓰고 있는 '뭉기적뭉기적'을 버리라고 할 권한이 과연 국어학자와 국어사전 편찬자들에게 있는지 의문을 갖지 않을 수 없다.

한편 '밍기적밍기적'은 전남 방언으로 처리했는데, 이 말은 '미적거리다'에서 파생된 '미적미적'에서 왔을 거라는 걸 어렵지 않게 짐작할 수 있다.

미적미적 1. 무거운 것을 조금씩 앞으로 자꾸 내미는 모양. 2. 해야 할 일이나 날짜 따위를 미루어 자꾸 시간을 끄는 모양. 3. 자꾸 꾸물대거나 망설이는 모양.

'미적미적'과 함께 '미루적미루적'도 표제어에 있다. '미루다'와 '미적거리다'가 인접 관계에 있음을 알 수 있다.

비슷한 경우에 해당하는 낱말 하나를 더 살펴보자. '궁시렁궁시렁'과 '구시렁구시렁'의 관계다. 두 낱말을 구글에서 검색하면 '궁시렁궁시렁'은 약 45만 2천 개, '구시렁구시렁'은 29만 1천 개의 결과가 나온다. 그럼에도 역시 '궁시렁궁시렁'은 비표준어인 반면 '구시렁구시렁'이 표준어의 지위를 누리고 있다. 이런 현상을 말을 사용하는 이들이 표준어에 능통하지 못하거나 표준어를 무시해서 발생하는 일이라고 할 수 있을까? 국립국어원의《표준국어대사전》은 '궁시렁궁시렁'을 인정하지 않지만《고려대한국어대사전》은 '궁시렁궁시렁'을 표제어로 등재해서 실제 언어 현실을 반영하고 있다. 《고려대한국어대사전》은 이와 함께 변이형이라고 할 수 있는 '군시렁군시렁'도 표제어에 포함시켰다. 《고려대한국어대사전》편찬자들이 규범의 적용에 훨씬 유연함을 알 수 있게 하는 사례다.

《표준국어대사전》이 '궁시렁궁시렁'을 인정하지 않는 건 작은말인 '고시랑고시랑'과의 관계를 생각해서 그럴 수도 있다. 하지만 말의 변화는 자연스러운 것이어서 규범으로 통제하거나 억압할 수 없다. 인터넷에서 검색해보면 '공시랑공시랑'을 쓰는 이들이 있고, 나아가 '꽁시랑꽁시랑'과 '꿍시렁꿍시렁'을 쓰는 이들도 있다. 이런 낱말을 쓰는 이들을 훈계하거나 가르쳐서 국립국어원이 정한 표준어만 따르도록 할 방법은 없다. 문법이 먼저가 아니라 실제 언어 현실이 먼저고, 문법은 사례를 충실히 조사하고 반영한 새로운 문법을 만들어 그런 현상을 설명해주는 쪽으로 움직여야 한다.

'-락'과 '-으락'은 뜻이 상대되는 두 동작이나 상태가 번갈아 되풀이됨을 나타내는 연결어미다. 그래서 앞부분에 이은 뒷부분은 같은 동작이나 상태가 아니라 다른 동작이나 상태를 나타내는 말을 가져와서 연결해야 한다. '오다'와 '가다'를 합친 '오락가락'이나 '쥐다'와 '펴다'를 합친 '쥐락펴락'처럼. 이와 같은 형태로 이루어진 말은 '들락날락', '엎치락덮치락', '오르락내리락', '밀치락달치락'처럼 꽤 많다. 그중에는 '엎치락뒤치락'과 '뒤치락엎치락'처럼 앞뒤 순서를 바꾸어 사용해도 괜찮은 말도 있다. 형식이 같은 낱말 몇 개를 살펴보자.

엎치락잦히락 자꾸 엎치었다 잦히었다 하는 모양.

'잦히다'와 '젖히다'는 어감의 차이만 있을 뿐 뜻이 같은 말이다. 모음조화를 생각한다면 '엎치다'에 대응하는 건 '젖히다'일 텐데 특이하게 '잦히다'를 끌어와서 붙였다. 그렇게 한 이유가 뭘까?

▶ 두 사람은 서로 얽혀 엎치락잦히락 때리고 차고 하며 싸워댔다.

조명희(1894~1938)의 단편소설 〈농촌 사람들〉에 나오는 구절이다. '엎치락잦히락'이 쓰인 용례는 발견되지만 '엎치락젖히락'이 쓰인 용례는 찾아볼 수 없었기 때문이 아닐까 생각해 본다.

<u>높으락낮으락</u> 높았다 낮았다 하여 높낮이가 고르지 않은 모양.

이 말은 땅이나 산이 높았다 낮았다 하는 모양뿐만 아니라 목소리가 높았다 낮았다 할 때를 가리킬 때도 사용한다.

▶ 남성과 여성이 합한 두 목소리가 높으락낮으락, 합하다가 갈렸다가, 끊이락이으락 영원히 끊일 때가 없을 것같이 울려 나온다.

이광수의 단편소설 〈거룩한 이의 죽음〉에 나오는 구절이다. '높으락낮으락'에 이어 '끊이락이으락'이라는 말이 사용됐지만 이 말은 국어사전에 없다. 지금도 이 말을 자신의 문장에 사용하는 이들이 있다. '끊이락이으락'과 함께 '끊일락이을락'이라고 쓴 글들도 보았다.

> ▸ 목이 잠겨 이제 부서진 풀무 소리 같은 곡성이 그래도 끊일락이을락 한이 없었다.

하근찬의 단편소설 〈나룻배 이야기〉에 나오는 구절인데, 역시 국어사전의 선택을 받지 못했다. 몰라서 안 실었다면 할 수 없는 일이긴 한데, 아쉬운 마음이 드는 것도 사실이다.

<u>들락날락</u> 1. 자꾸 들어왔다 나갔다 하는 모양. 2. 정신 따위가 있다가 없다가 하는 모양.

<u>들이치락내치락</u> 1. 마음이 내켰다 내키지 않았다 하는 변덕스러운 모양. 2. 병세가 심해졌다 수그러들었다 하는 모양.(=내치락들이치락)

'들락날락'과 함께 '들랑날랑'도 표준어로 인정받아 국어사전에 올라 있다. 같은 계열의 낱말 중에 '-락' 대신 '-랑'을 써도 되는 건 '들랑날랑'뿐이다. 국어사전에서는 '-랑'을 '-락'의

옛말이라고 했다. '-락'보다 '-랑'의 어감이 부드럽고 좋아서 그런지 몰라도 실생활에서는 맞춤법과 상관없이 '잠들랑 말랑'이나 '떨어질랑 말랑'처럼 쓰는 이들이 상당히 많다.

얼락녹을락 1. 얼었다가 녹았다가 하는 모양. 또는 얼 듯 말 듯하는 모양. 2. 남을 형편에 따라 다잡고, 늦추고, 칭찬하고, 책망하고, 가까이하고, 멀리하여 놀리는 모양.

얼락배락 성했다 망했다 하는 모양.

둘 다 '얼락'이 앞에 붙었다. '얼락녹을락'의 '얼락'은 '얼다'에서 왔지만 '얼락배락'의 '얼락'은 정체가 모호하며, 뒤에 붙은 '배락'도 마찬가지다. '얼다'와 '배다'가 말의 뿌리를 이루고 있는 것처럼 보이는데, 일단 두 낱말을 찾아가보자.

얼다 '어우르다'의 북한어.

어우르다 1. 여럿을 모아 한 덩어리나 한판이 크게 되게 하다. 2. [민속] 윷놀이에서 말 두 바리 이상을 한데 합치다. 3. '성교하다'를 비유적으로 이르는 말.

배다 1. 물건의 사이가 비좁거나 촘촘하다. 2. 생각이나 안목이 매우 좁다.

'얼다'와 '배다'는 다양한 뜻을 가진 동음이의어들이 있는데, 그중에서 '얼락배락'과 연관 있을 법한 것만 가져와보았다. 과연 이 낱말들을 '얼락배락'의 뿌리로 삼을 수 있을까?

> ▶ 그 사람네 집은 살림살이가 얼락배락 요지경이다.
> ▶ 그의 사업은 얼락배락 굴곡이 심하다.

《표준국어대사전》에 나온 예문들이지만 다른 이들의 글에서는 사용된 예를 찾기가 힘들다. 더 이상 찾기를 포기하던 중에 〈우리말샘〉에 아래 낱말이 실린 걸 발견했다.

일락배락하다 [옛말] 될락 말락 하다.

될락 말락 하다는 뜻과 '얼락배락'의 풀이에 나오는 성했다 망했다 하는 모양이라는 뜻 사이의 거리는 그리 멀지 않다. 위 예문들에 '얼락배락' 대신 '일락배락'을 놓아도 별 무리가 없다. 옛글에서 '얼락배락'은 찾기 힘들지만 '일락배락'은 시조나 가사 작품에 여러 차례 나온다. 국어사전 편찬자들이 '일락배락'을 표제어로 삼으려다 실수로 '얼락배락'이라는 잘못된 표기를 사용한 게 아닐까 싶다. '일락배락'은 '일다(일어나다)'와 '배리다'를 합쳐 만든 말로 볼 수 있다. '일다(일어나다)'는 '흥하다'와 통하는 의미가 있고, '배리다'에는 여러 뜻이 있지만 적어서 마음에 차지 않는다는 뜻도 함께 지녔다. '배리다' 대신 '빼다'에서 가져왔을 가능성도 배제할 수는 없다. 워낙 쓰임새가 적던 말이다 보니 정확한 뿌리를 확인하기가 어렵다.

이쯤 해서 의문을 하나 제기해보려고 한다. 앞에 나온 '될락 말락'을 포함해 '닿을락 말락', '보일락 말락' 같은 말들은 모두 띄어 써야 한다. 이 말들은 왜 붙여 쓰는 걸 인정하지 않을까? 결론부터 말하자면 '말락'은 지금까지 살펴본 말들과 성격이 다르기 때문이다. '오락가락'의 '오다'와 '가다'는 의미가 서로 반대되지만 '닿을락 말락'의 '말락'은 '닿을락'과 반대 개념이 아니라 그냥 앞선 말을 부정하는 의미만 담고 있다. '닿을락 말락'이 앞에 나온 말들과 어깨를 나란히 하려면 '닿을락떨어질락'과 같은 형태를 취해야 한다는 말이기도 하다.

연결어미
'-락'이

연결어미 '-락'이 들어간 의태어 중에 색깔을 나타내는 말들
이 있다.

붉으락푸르락 몹시 화가 나거나 흥분하여 얼굴빛 따위가 붉
게 또는 푸르게 변하는 모양.

누르락붉으락 몹시 화가 나서 얼굴빛이 누르렀다 붉었다 하
는 모양.

누르락푸르락 몹시 화가 나서 얼굴빛이 누르렀다 푸르렀다
하는 모양.

푸르락누르락 성이 나거나 흥분하여 얼굴빛이 푸르렀다 누
르렀다 하는 모양.

287

역시 서로 상대되는 색깔을 표상하는 낱말을 엮어서 만들었으며, 사람의 얼굴빛을 가리킬 때 사용하는 말들이다. 풀이에서 보는 것처럼 모두 화가 난 상태의 얼굴빛을 묘사하고 있다. 사람의 얼굴은 감정 상태에 따라 다양하게 변한다. 얼굴 모양뿐만 아니라 빛깔도 변하기 마련이어서 '얼굴이 누렇게 떴다'라든지 '얼굴이 파랗게 질렸다'와 같은 문장을 어렵지 않게 만날 수 있다. 앞에 소개한 낱말들에 등장한 색깔은 붉은색, 누런색, 푸른색 세 가지다. 노란색 대신 누런색을 내세운 이유는 노란색은 환한 느낌을 주기 때문에 그보다 느낌이 탁한 낱말이 더 적합하다고 여겨서였을 것이다. 현실에 존재하는 색깔은 무척 다양한데 다른 색깔을 사용한 낱말은 없을까?

거무락푸르락 [북한어] 몹시 성이 나거나 겁이 나서 얼굴빛이 검었다 푸르렀다 하는 모양.

국어사전에서는 북한어로 규정하고 있지만, 그건 북한의 사전에 이 낱말이 표제어로 올라 있는 반면 우리 쪽 국어사전에는 빠져 있기 때문이라는 사실만 알려줄 따름이다. 왜냐하면 남북이 갈라지기 전에 이미 '거무락푸르락'이라는 낱말을 사용한 기록이 있기 때문이다.

▶ 인가는 낯빛이 거무락푸르락해서 소리를 고래고래 질렀다.

1920년대부터 1930년대 초반까지 활동한 최서해의 단편 소설 〈홍염〉에 나오는 구절이다. 하지만 이 낱말은 남한 쪽 국 어사전 편찬자의 선택을 받지 못했다. 최서해가 비록 함경북 도 출신이긴 하지만 문단 활동은 서울에서 했고, 최서해 말고 도 그 후에 이 낱말을 사용한 이들이 있음을 생각할 때 북한 어로 내몰 일은 아니었다고 생각한다.

하나 더 생각해볼 만한 낱말이 있다.

울그락불그락 사람이 매우 화가 나거나 흥분하여 얼굴빛 따
위가 몹시 붉게 변하는 모양을 나타내는 말.

이 낱말은 《표준국어대사전》에는 없고 《고려대한국어 대사전》에만 실려 있다. 왜 그래야 했을까? 《표준국어대사 전》 편찬자가 이 낱말을 표준어로 인정하지 않는 건 '울그 락'의 뿌리가 되어야 할 '욹다'라는 말이 없다고 보았기 때문 이다. '욹다'가 아닌 '울다'를 뿌리로 볼 수도 있겠지만 그럴 경우에는 '-으락'이 아닌 '-그락'이라는 어미가 쓰인 용례가 있어야 하는데 그런 사례가 발견되지 않는다는 것이다. '불 그락'의 경우는 '불다'의 '불'과 어미 '-그락'이 합쳐진 게 아니

라 '붉다'의 어근인 '붉'과 어미 '-으락'이 합쳐진 것이다. 이와 같은 이유로 '울그락불그락'을 표준어에서 제외하고 말았다.

문제는 이 낱말이 오래전부터 지금까지 활발하게 사용되고 있다는 사실이다. 《고려대한국어대사전》은 문법적인 고려에 앞서 그런 현실을 적극적으로 끌어안았다. 모든 법칙에는 예외가 있는 것처럼 국어 문법도 마찬가지다. 그런 예외를 인정하면 '울그락불그락'을 얼마든지 표준어로 포용할 수 있지 않을까? 문법이 먼저가 아니라 현실에서 통용되는 언어의 현실이 먼저라는 사실을 다시금 되짚을 필요가 있다.

'울그락불그락'이라는 낱말이 생겨난 까닭이 있을 것이다. 낱말들은 주변의 다른 낱말들과 영향을 주고받는다. 비슷한 말이 있으면 그쪽으로 끌리기도 하고, 자기 쪽으로 끌어당기기도 한다. 그런 과정 속에서 낱말이 변형되거나 없던 말이 새로 생겨나기도 하는 법이다. '울그락불그락'이라는 낱말도 그런 영향 관계 속에서 파악해야 한다.

그런 측면에서 나는 '울긋불긋'이라는 낱말에 주목하고 싶다. 울긋불긋 역시 색깔을 나타내는 말이다. 누군가가 '울긋불긋'을 생각하면서 그와 비슷한 '울그락불그락'이라는 낱말을 만들어 써도 좋겠다고 생각했을 것이고, 다른 이들이 그 말을 받아안으면서 지금처럼 굳어졌을 것이라는 게 내 판단이다. '우락부락'이나 '울뚝불뚝' 같은 말들도 '울그락불그락'

이 낯설지 않도록 하는 데 도움을 주었을 것 같고. 서로 닮고
자 하는 욕망은 낱말이라고 해서 비껴가지 않는다. 낱말도 스
스로 생성하고 변화하는 생명체의 특성을 지니고 있다는 사
실을 기억할 필요가 있다. 문법은 현상이 발생한 이후에 관
찰해서 정리하는 역할을 할 수 있을 뿐이다. 언어와 관련해
서 어떤 문제가 발생한다면 언어 현상이 문제가 아니라 문법
이 그런 현상을 충분히 설명할 수 있는 체계를 아직 마련하지
못했기 때문일 수도 있다.

'돠'와 '뱌'로

시작하는 말

있을 것 같지 않은, 매우 독특한 소리로 시작하는 말들이 있다. 가령 '돠'로 시작하는 말이 있다고 하면 그런 말이 어디 있냐고 할 사람이 많겠다. 하지만 엄연히 국어사전 안에 그런 말이 수록되어 있다. 《표준국어대사전》에 중국 군벌이자 정치가였던 '돤치루이(Duan Qirui, 段祺瑞)'라는 사람 이름이 나오고, 《고려대한국어대사전》에는 중국 광둥성(廣東省) 중부에 있는 계곡인 '돤시(duānxī, 端溪)'라는 지명이 나온다. 외국 말을 표기하다 보니 그럴 수 있는 일이지만 의외로 순우리말 중에도 '돠'로 시작하는 게 있다.

돨돨 먹은 것이 잘 삭지 아니하여 배 속이 끓는 소리.(센말:

딸딸)

《표준국어대사전》은 다음과 같은 예문을 실었다.

▸ 속이 답답하고 배 속에서 계속 딸딸 소리가 난다.

그런가 하면 이런 낱말도 있다.

돠르르 액체가 좁은 목으로 빨리 쏟아지는 소리.(센말: 똬
르르)

역시 《표준국어대사전》에 다음과 같은 예문이 나온다.

▸ 병 속에 든 물이 빙글빙글 돌면서 돠르르 소리를 내며 쏟아진다.

이 말은 많은 양의 액체가 좁은 목이나 구멍에서 조금 급
하고 세차게 쏟아지는 소리나 그런 모양을 뜻하는 '콰르르'나
'꽈르르'와 의미가 통한다.

첩어 형태인 '돠르르돠르르'는 없고 '똬르르똬르르'는 북
한말로 분류되어 있다.

이번에는 '뱌'로 시작하는 낱말을 알아보자. 병아리가 우

는 소리인 '비악비악'의 준말로 '뱍뱍'이 표제어에 있지만 그런 방식으로 이루어지지 않은 낱말도 있다.

뱌비작뱌비작 1. 두 물체를 맞대어 가볍게 잇따라 문지르는 모양. 2. 구멍을 뚫기 위하여 송곳 같은 연장으로 가볍게 잇따라 이리저리 돌리는 모양. 3. 손바닥이나 손가락 사이의 물건을 둥글게 하거나 긴 가락이 지게 가볍게 잇따라 문지르는 모양. 4. 좁은 틈을 자꾸 헤집거나 비집는 모양. 5. 좋지 않은 상황을 이겨내려고 끈질기게 버티는 모양.

꽤 다양한 뜻을 지니며, '비비적비비적'보다 작은 말에 해당한다. 준말인 '뱌빚뱌빚'도 표제어에 있다.

뱌슬뱌슬 착 덤벼들지 않고 계속 슬슬 피하는 모양.

'뱌슬대다', '뱌슬거리다'도 표제어에 있으며, '비슬비슬'과 통하는 말일 것 같지만 뜻이 다르다. '비슬비슬'은 쓰러질 듯이 비틀거리며 걷는 모양을 나타내는 말이다. 그보다는 '배슬배슬'이나 그보다 큰 말인 '베슬베슬'과 통하는 말이다.

배슬배슬 어떠한 일에 대하여 바로 대들어 하지 아니하고 살
　　　　　그머니 자꾸 동떨어져 행동하는 모양.

'뱌'로 시작하는 의태어가 몇 개 더 있다.

뱌죽뱌죽 반반하게 생긴 사람이 자꾸 이죽이죽하면서 느물
　　　　　거리는 모양.
뱌미주룩 어떤 물체의 밋밋한 끝이 조금 내밀어져 있는 모양.

'뱌죽뱌죽'의 풀이에 비추어 보면 '반죽반죽'이라는 말도
있을 것 같지만 그런 말은 없고 대신 '번죽번죽'이라는 말을
쓰며, 센말은 '뻔죽뻔죽'이다. '뱌죽뱌죽'의 센말인 '뺘죽뺘죽'
도 표제어에 있다.

'뱌미주룩' 역시 '반미주룩'에서 온 게 아닌가 싶을 텐데,
국어사전에서는 반미주룩을 방언으로 처리했다. 그러면서
'뱌미주룩'의 큰말로 '빈미주룩'을 표제어로 올렸다.

참고

국어사전 안에는 '뱌'로 시작하는 말이 생각보다 많이 있다.

295

'뱌비작뱌비작'은 '뱌비다'라는 말과 거기서 파생된 '뱌비작대다', '뱌비작거리다'라는 동사에서 왔으며, 같은 뜻으로 '뱌비대다'와 '뱌비치다'라는 말도 쓴다.

그 밖에도 다음과 같은 말들이 있다.

뱐덕스럽다: 요랬다조랬다 하는 변하기 쉬운 태도나 성질이 있다.

뱐뱐하다: 1. 됨됨이나 생김새 따위가 별로 흠이 없고 웬만하다. 2. 어지간히 갖추어져 쓸 만하다. 3. 지체나 살림살이가 남보다 크게 떨어지지 않고 어지간하다.

뱐하다: 조금 반하다.

뱐주그레하다: 얼굴 생김새가 그런대로 깜찍하게 반반하다.

'뱐덕스럽다'는 변덕스럽다, '뱐뱐하다'는 변변하다와 통하는 말이다. '뱐하다'는 반하다보다 작은 말이며, 부사로 쓰이는 '변변히'가 있는 것처럼 '뱐뱐히'도 있다. '변덕스럽다'는 '뱐덕스럽다'라는 말과 함께 뜻이 같은 '밴덕스럽다'도 표준어로 거느리고 있다. '뱐주그레하다' 계열의 말로는 '반주그레하다'와 '번주그레하다'가 표제어로 올라 있다.

마지막으로 소개할 낱말이 하나 더 있다.

뱝뛰다: 깡충깡충 뛰다.

《표준국어대사전》은 다음과 같은 예문을 실었다.

▶ 인기척에 놀란 궁노루 한 마리가 폴짝폴짝 뱝뛰어 달아난다.

지금 다시 표준어 사정을 한다면 지금까지 소개한 낱말들은 표준어에서 빼야 할 듯하다. 그만큼 쓰는 사람이 거의 없고, 다시 살려 쓰자고 하기도 어렵기 때문이다. 과거에는 지금보다 다양한 음운을 활용한 낱말들이 있었으며, 그런 말들이 점차 사라지고 있음을 보여주는 사례로 삼으면 괜찮을 낱말들이다.

'닐리리'와

'닝큼'

경기민요 중에 '닐리리야'라는 제목을 가진 노래가 있다. 제목은 다음과 같은 후렴구에서 가져왔다.

> ▸ 닐리리야 닐리리야. 니나노 난실로 내가 돌아간다. 닐 닐리리 닐리리야.

'닐리리야'는 노래 제목을 가리키는 명사, '니나노'는 감탄사다. 반면 '닐리리'는 부사로, 소리를 나타내는 의성어다.

닐리리 통소, 나발, 피리 따위 관악기의 소리를 흉내 낸 소리.

'닐리리'와 '쿵더쿵'을 결합한 낱말도 있다.

닐리리쿵더쿵 퉁소, 나발, 피리 따위의 관악기와 장구, 꽹과
리 따위의 타악기가 뒤섞여 내는 소리.

여기서 많은 이가 고개를 갸웃거리고 있을 모습이 연상
된다. '닐리리'가 아니고 '늴리리'가 맞는 표기라고? 하지만
국어사전에서 '닐리리'를 찾으면 '늴리리'의 비표준어라고
나온다. 표기와 언중이 실제로 사용하는 발음에 괴리가 있는
낱말들이 더러 있는데, '늴리리'가 그런 사례 중 하나다.

훈민정음 창제 당시에 있었던 음운 중에서 지금은 사라
지고 없는 게 많다. 여러 순경음을 비롯해서 아래아(·)와 반
치음(△) 같은 것들이 그렇다. 시간이 지나면서 어렵고 복잡
한 음운들이 사라지고 있음을 알 수 있다. 그런 현상은 지금
도 진행 중이며, 그래서 요즘은 'ㅔ'와 'ㅐ' 발음을 제대로 구
분하는 사람이 드물다. 'ㅢ' 발음 역시 까다로워서 '나의 길'
을 '나에 길'로 발음하는 사람이 무척 많다.

그런 측면에서 볼 때 '늴리리'도 예전에는 표기한 대로 정
확히 발음했을 테고, 그래서 표준어 사정을 하면서 '늴'을 택
했을 것이다. 하지만 지금 '늴'을 음가대로 정확히 발음할 수
있는 사람이 얼마나 될까? 현실음을 반영해서 '닐리리'로 표

기를 바꾸자는 의견이 나오기도 했으나 국립국어원은 아직 '닐리리'를 고수하고 있다.

'늬'가 뒤에 붙는 말은 '무늬', '보늬', '하늬' 등이 있지만 앞에 오는 경우는 드물다. 어떤 낱말이 있는지 보자.

닁큼 머뭇거리지 않고 단번에 빨리.(첩어: 닁큼닁큼)

'냉큼', '냉큼냉큼'과 통하는 말이지만 실제 언어생활에서 '닁큼'과 '닁큼닁큼'이라고 하는 사람은 찾기 어렵다. 언뜻 들으면 방언처럼 다가오지만 국어사전들은 표준어로 인정하고 있다. 표기와 실제의 이런 불일치는 앞서 소개한 '닐리리'와 '늴리리'의 사례와 마찬가지다. 머잖아 '늴리리'는 '닐리리'로 바뀌고, '닁큼'은 사라지지 않을까 싶다.

한편 신민요로 분류되는 〈태평가〉에도 비슷한 구절의 후렴구가 나온다.

니나노 늴리리야 늴리리야 니나노
얼싸 좋아 얼씨구나 좋다.

여기 나오는 '얼싸'와 '얼씨구나'도 '니나노'와 마찬가지로 감탄사다. 그런데 다음 낱말은 부사로 의태어 역할을 한다.

얼싸절싸 1. 흥이 나서 뛰노는 모양. 2. 중간에서 양편이 다 좋도록 주선하는 모양.

'절싸'는 '얼싸'와 짝을 지어 운율을 맞추기 위해 끌어들인 말이다. '얼싸절싸 어깨춤이 절로 난다'와 같이 사용한다. 비슷한 말로 '얼쑤절쑤'가 있는데, 국어사전에서는 이 말을 '얼씨구절씨구'의 준말이며 감탄사로 분류하고 있다. 하지만 실제 용례를 살펴보면 '얼싸절싸'와 마찬가지 용법으로 사용되는 경우가 많다.

세 글자를
반복해서

만든
말들

같은 음절을 반복해서 만든 의성어와 의태어가 많다. '하하'
나 '깔깔' 같은 말들과 '술술'이나 '줄줄' 같은 말들이 그렇다.
이 말들은 일상 언어생활에서 '하하하', '깔깔깔', '술술술', '줄
줄줄'처럼 쓰기도 하지만 두 음절로 된 것들만 국어사전에 올
라 있고 세 음절로 된 말들은 국어사전에서 찾을 수 없다. 하
지만 모든 법칙에는 예외가 있다고 했던가. 국어사전 안에 같
은 음절을 세 번 반복한 의성어와 의태어가 보인다.

앞에서 나팔 소리를 흉내 내는 말인 '따따따'를 소개했는
데, '따따'는 안 실었으면서 유독 세 글자로 된 이 낱말만 왜 국
어사전에 실었을까 하는 점을 생각해볼 필요가 있다. 널리 알
려진 동요에 사용된 낱말이어서 그랬을 거라는 게 내 짐작이

다. 그건 아래 낱말에도 해당한다.

<u>불불불</u> 몸을 매우 크게 떠는 모양.

몸을 떠는 모양을 나타낼 때 보통은 '달달'이나 '덜덜' 같은 의태어를 쓴다. 느낌의 세기로 따지면 '불불불'이 '덜덜'보다 강하게 다가온다. '불불불'과 함께 '불불'도 표제어에 있을까? 현재 국립국어원은 이 말을 북한어로 분류하고 있다. 옛 신문 기사들을 찾아보니 드물지만 '불불'을 사용한 용례가 있다. 그렇다면 '불불'을 북한어로 처리할 게 아니라 우리 국어사전 안으로 끌어와야 하지 않을까? 반면에 '불불불'을 사용한 예는 찾기가 무척 어렵다. 《표준국어대사전》은 '불불불'의 풀이 밑에 다음과 같은 예문을 제시하고 있다.

▶ "영감, 내 아들 살려주시오" 하고 전신을 불불불 떨었다.

출처는 홍명희의 대하소설 《임꺽정》이라고 했다. 결국 이 말도 유명한 문학작품에 쓰였다는 이유로 국어사전 안에 자리 잡은 것으로 보인다.

이런 식으로 따지면 "학교 종이 땡땡땡"으로 시작하는 동요 가사의 힘을 얻어 '땡땡땡'도 국어사전에 실릴 법하지만 어쩐 일인지 '땡땡땡'은 없다. 기준이 뭐냐고 따지면 편찬자 마음대로라고 할 수밖에 없겠다. '불불불'은 있어도 그보다 느낌이 작은 '벌벌벌'은 국어사전에 없으니 말이다.

《표준국어대사전》에는 없고 《고려대한국어대사전》에만 올라 있는 낱말이 하나 더 있긴 하다.

헛헛헛 입을 약간 벌리고 점잖게 웃는 소리를 나타내는 말.

'하하하', '허허허', '히히히', '후후후' 같은 것들은 올리지 않으면서 '헛헛헛'만 표제어로 올린 이유를 알 길은 없다.

참고

몸을 떠는 모양을 나타내는 말은 '불불불' 외에도 '바들바들', '버들버들', '부들부들', '파들파들', '퍼들퍼들', '오들오들', '우들우들', '와들와들' 등이 있다. '왈왈'이 '와들와들'의 준말이라는 뜻을 달고 표제어에 있다는 사실이 이채롭게 다가온다. 같은 음절 세 글자로 된 다음 낱말도 국어사전에 올라 있다.

둬둬둬 : 돼지를 몰거나 쫓을 때 내는 소리.

다만 이 낱말은 의성어가 아닌 감탄사로 분류된다. 같은 감탄
사에 속하는 '둬둬'도 표제어에 있는데, 이 말은 돼지와는 관
련이 없다.

둬둬 : 벌 떼가 분봉(分蜂)하려고 통 밖에 나가 한데 모여 붙은
것을 받아들이기 위하여 멍덕이나 수봉기(受蜂器)를 대고 몰
아넣을 때 내는 소리.

나로서는 '둬둬'와 '둬둬둬'가 연관성이 없고 각각 벌과 돼지를
향한 말이라는 게 특이하게 다가오긴 하지만, 벌을 치는 사람
들과 돼지를 기르는 사람들이 그런 말을 썼기 때문에 국어사전
에 올랐겠거니 하는 수밖에 없다.

네 글자를
반복해서

만든
말들

같은 음절 세 글자로 된 말뿐만 아니라 네 글자로 된 낱말들
도 있다.

재재재재 조금 수다스럽게 자꾸 재잘거리는 소리. 또는 그
　　　　　모양.

지지지지 자꾸 수다스럽게 지껄이는 소리. 또는 그 모양.

'지지지지'는 '재재재재'보다 느낌이 큰 말이다. '재재'와
'지지'가 따로 표제어로 등재되어 있으며, '지지'와 '재재'를 합
쳐서 만든 말도 있다.

재재 조금 수다스럽게 재잘거리는 소리. 또는 그 모양.

지지 수다스럽게 지껄이는 소리. 또는 그 모양

지지재재 이러니저러니 하고 자꾸 지껄이는 모양.

'지지재재'라고 하면 '지지배배'라는 말을 떠올릴 사람이 많을 텐데, '지지배배'는 "종다리나 제비 따위의 새가 지저귀는 소리"를 뜻하는 의성어다. '지지배배' 옆에 이런 말도 있다는 걸 알아두면 좋겠다.

비비배배 종달새 따위가 지저귀는 소리.

종달새를 특정하지 않고 그냥 새 울음을 나타내는 말로는 '배쫑배쫑'이 "산새가 잇따라 우는 소리"라는 뜻을 달고 국어사전에 실려 있다.

네 글자로 된 것 중 특이한 낱말도 국어사전에서 찾을 수 있다.

차차차차(次次次次) 어떤 사물의 상태가 시간의 흐름에 따라 일정한 방향으로 조금씩 자꾸 진행하는 모양.

'차차(次次)'를 한 번 반복한 형태의 말이다. 의성어나 의태어라면 당연히 고유어로 된 낱말들만 해당하는 거 아니냐고 하는 이들이 있다. 하지만 한자로 된 의성어나 의태어도 꽤 있다. 그런 낱말들만 따로 모아서 다루기로 하고, 일단 '차차차'와 같은 뜻을 지닌 말부터 소개하자면 '차츰차츰'이 있다. 워낙 많이 쓰는 말이므로 굳이 설명할 필요는 없겠다. 그런데 이와 형제 관계인 아래 낱말을 접해본 사람이 얼마나 될까?

차즘차즘 어떤 사물의 상태나 정도가 시간의 흐름에 따라 일정한 방향으로 조금씩 자꾸 변화하는 모양. '차츰차츰'보다 여린 느낌을 준다.

《표준국어대사전》에 예문으로 "성적이 차즘차즘 오른다"라는 문장을 제시해놓았다.

외래어에서

온 말들

의성의태어 중에 외래어로 된 건 없을까? 〈우리말샘〉에 아래 낱말들이 올라 있다.

> 비까번쩍 '번쩍번쩍'의 방언.(강원, 제주)
>
> 삐까번쩍하다 큰 빛이 잇따라 잠깐 나타났다가 사라지며 빛
> 나는 상태에 있다. ⇒ 규범 표기는 '번쩍번쩍
> 하다'이다.

'비까번쩍' 혹은 '삐까번쩍'에 대해 연세대학교 언어정보 연구원이 다음과 같은 해설을 내놓았다.

중요한 만남이 있을 때 구두를 삐까번쩍하게 광을 내곤 하지요? 이 '삐까번쩍하다, 비까번쩍하다'는 '번쩍'을 의미하는 일본어 ぴか(삐까, 비까)에서 온 일본어 투 용어들입니다. 이 단어들은 순우리말인 '번쩍번쩍하다'로 대체할 수 있는데요. '번쩍번쩍하게 광을 냈다', '번쩍번쩍 빛이 난다'처럼 쓸 수 있습니다.

일본 말과 우리말을 섞어 만든 낱말이라는 셈인데, 이런 해석에 대부분의 국어학자들이 동의하고 있다. 그러므로 '비까번쩍'이 강원과 제주의 방언이라고 한 〈우리말샘〉의 설명은 잘못된 내용이다. 예전에는 꽤 많이 쓰던 낱말이지만 요즘은 잘 쓰이지 않는다. 대신 '블링블링'이라는 말이 그 자리를 차지하고 있다. 영어를 선호하는 젊은 세대의 언어 취향이 반영된 낱말이라고 할 수 있겠는데, 이 낱말도 〈우리말샘〉에 다음과 같이 두 개의 뜻을 달고 올라 있다.

블링블링하다(bling-bling하다)　반짝반짝 빛이 나는 데가 있다.
⇒ 규범 표기는 미확정이다.

블링블링하다(bling-bling하다)　반짝이는 장신구 따위로 멋을 내어 화려하다. ⇒ 규범 표기는 미확정이다.

〈우리말샘〉에는 형용사 용법으로만 올라 있지만 연예 기사들을 보면 '블링블링 빛나는 미모', '블링블링 반짝이는 보석'처럼 부사어 용법으로도 많이 쓰이고 있다. '블링블링'과 같은 영어식 외래어가 우리 국어사전에 정식으로 등재될 날이 멀지 않았다. 가령 요즘 젊은이들이 많이 쓰는 '블라블라(blah blah)' 같은 말도 일상어로 자리 잡은 지 꽤 됐다.

《표준국어대사전》에는 없지만 《고려대한국어대사전》에 등재된 낱말들이 있다.

딩동　초인종 따위가 울리는 소리를 나타내는 말.(첩어: 딩동딩동)
띵동　초인종 따위가 조금 세게 울리는 소리를 나타내는 말.
딩동댕　1. 실로폰이나 차임벨이 울리는 소리를 나타내는 말.
　　　　2. 합격이나 정답을 알리는 소리.

〈우리말샘〉에는 '띵동띵동'과 '딩동댕동'이 더 올라 있다. '딩동'에 외래어 표기가 없지만 이 낱말은 영어의 'ding-dong'을 그대로 가져온 게 분명하다. 영어사전에서 이 낱말을 찾으면 대부분 종소리를 나타내는 의성어임을 밝히고 있기 때문이다. 우리말 '딩동'이 서양으로 넘어가 'ding-dong'이 되었을 리는 만무하지 않은가. 그건 《표준국어대사전》에 다음 낱말이 실려 있는 걸 보아도 그렇다.

> 딩동설(dingdong說) [언어] 언어의 기원에 관한 이론. 사람들
> 이 사물의 소리를 흉내 내는 데에서 언어
> 가 시작되었다고 보는 이론이다.

영미권에서 'ding-dong theory'라고 하는 이 용어를 '땡땡설'로 번역하는 사람도 있는데, 그 이유는 '딩동'이 외래어이고 그에 해당하는 우리말은 '땡땡'이기 때문이다. 종을 칠 때 나는 소리를 우리는 '댕댕' 혹은 '뎅뎅'이라 했고, 센 느낌을 주는 말로 '땡땡'과 '뗑뗑'을 써왔다. 그러다 전기 자극에 의해 소리를 내는 초인종이 들어오면서 다른 의성어가 필요했다. 쇠로 된 종을 치는 소리와는 빛깔이 확연히 다르기 때문이었다. 그렇게 해서 들여온 '딩동'이 이후 '딩동댕'까지 만들어냈다. '딩동댕' 풀이에 실로폰이 들어간 이유는 퀴즈 프로그램이나 노래자랑 같은 행사에서 합격을 알리는 소리로 실로폰을 사용했기 때문이다. 텔레비전 장수 프로그램인 〈전국노래자랑〉을 오래도록 진행하다 작고한 송해 씨가 직접 부른 노래 제목이 '딩동댕 내 인생'이었다.

국어사전에서 '땡'을 찾으면 "작은 종이나 그릇 따위의 쇠붙이를 두드리는 소리"라는 뜻만 나오는데, 문제를 맞히지

못했거나 탈락을 알릴 때 내는 소리라는 뜻을 추가하면 좋겠
다. 실제로 종이나 실로폰을 치기도 하지만 말로만 '땡'을 외
치기도 하기 때문이다.

한자어로
된

말들

의성의태어라고 하면 당연히 고유어로 된 낱말만 있는 것으로 생각하기 쉽다. 하지만 앞선 글에서 몇 낱말을 소개했듯이 한자어로 된 것들도 있다. 일상 언어생활에서 많이 쓰는 낱말 몇 개를 보자.

> **조심조심(操心操心)** 잘못이나 실수가 없도록 말이나 행동에 매우 마음을 쓰는 모양.
>
> **금방금방(今方今方)** 일이나 행동 따위를 빨리빨리 하는 모양.
>
> **차일피일(此日彼日)** 이날 저 날 하고 자꾸 기한을 미루는 모양.
>
> **점점(漸漸)** 조금씩 더하거나 덜하여지는 모양.
>
> **산산이(散散이)** 여지없이 깨어지거나 흩어지는 모양.

장장(鏘鏘) 옥이나 쇠붙이 따위가 맑게 울리는 소리. 또는 그
　　　모양.

　형태가 변해서 한자에서 왔음을 인식하지 못하는 이가
많은 낱말도 있다.

　긴가민가 그런지 그렇지 않은지 분명하지 않은 모양.

　'긴가민가'는 '기연가미연가(其然가未然가)'가 줄어서 되었
으며, '기연미연(其然未然)'이라는 낱말도 표제어에 있다.

　사설사설(辭說辭說) 잔소리나 푸념을 자꾸 길게 늘어놓는 모
　　　양.
　사살사살 잔소리를 자꾸 늘어놓는 모양.

　두 낱말은 유의어 관계에 있으며, '사살사살'은 '사설사설
(辭說辭說)'이 변해서 된 말이다. 이렇듯 한자어에서 비롯한 낱
말 중에는 시간이 지나면서 형태가 변해 어원 의식이 희미해
진 경우가 꽤 많다.
　다음 소개하는 두 낱말을 비교해보자.

<u>음밀암밀(陰密暗密)</u> 겉으로 전혀 드러나지 아니하게 일 따위를 꾸미는 모양.

<u>으밀아밀</u> 비밀히 이야기하는 모양.

의미뿐만 아니라 소리까지 유사한 점이 있어 뿌리가 같은 낱말일 것이라는 추정이 가능하다. 그렇다면 한자어가 원조일까, 아니면 우리말이 원조일까? 궁금하기 짝이 없으나 선후 관계를 따져볼 만한 자료가 없다. 한자어가 변형되어 우리말처럼 굳어진 것이 있는가 하면 반대의 경우도 있기 때문이다. '호락호락'이 '홀약홀약(忽弱忽弱)'에서 왔다고 주장하는 이들이 있으나 이 역시 정확한 사실관계를 확인하기는 어렵다.

정지용의 시 〈장수산 1〉은 이렇게 시작한다.

▶ 벌목정정이랬거니 아람도리 큰 솔이 베혀짐 즉도 하이.

'벌목정정'은 발표 당시 원문에 '伐木丁丁'이라는 한자로 표기되어 있었다. 국어사전에 등재된 낱말은 아니며, 뒤에 붙은 '정정'만 표제어로 올라 있다.

<u>정정(丁丁)</u> 1. 말뚝을 박는 소리. 2. 나무를 베느라고 도끼로 잇

따라 찍는 소리. 3. 바둑판에 바둑을 잇따라 두는
소리. 4. 물시계의 소리.

꽤 많은 뜻을 지닌 낱말이다. 정정(丁丁)을 우리말로 바꾸
면 '쩡쩡' 정도에 해당할 텐데, 한자를 사용하던 시절에는 한
자의 뜻과 상관없이 음이 비슷한 글자를 가져다 의성어를 만
든 게 많다. 다음과 같은 낱말들이 그렇다.

교교(咬咬) 새가 지저귀는 소리.

당당(鎧鎧) 1. 북이나 징 따위를 치는 소리. 2. 울림이 크게 나
는 소리.

돌돌(咄咄) 뜻밖의 일에 놀라 지르는 소리.

이이(咿咿) 벌레가 우는 소리.

즉즉(喞喞) 풀벌레가 우는 소리.

아아(啞啞) 1. 까마귀가 우는 소리. 또는 그 모양. 2. 어린아이
의 더듬거리는 말소리. 또는 그 모양.

악악(喔喔) 닭이나 새가 우는 소리.

이런 낱말들은 주로 옛 문장에서만 찾아볼 수 있을 뿐이
어서 지금과 같은 현대어 문장에서는 사용하기 힘들다. 한글
표기가 정착된 지금은 구어로 된 의성어가 훨씬 실감을 주기

때문이다. 다음과 같은 의태어들도 마찬가지다.

눌눌(訥訥/吶吶) 말이 잘 나오지 아니하여 더듬는 모양.

부부(浮浮) 1. 눈이나 비가 한창 쏟아지는 모양. 2. 많고 굳센
모양. 3. 기(氣)가 무럭무럭 올라가는 모양.

양양(漾漾) 1. 물 위에 둥둥 뜨는 모양. 2. 물결이 출렁거리는
모양.

왕왕(汪汪) 1. 물이 끝없이 넓고 깊음. 2. 눈에 눈물이 가득한
모양.

현현(泫泫) 1. 눈물이 줄줄 흐르는 모양. 2. 이슬이 매달려 있
는 모양.

흡흡(吸吸) 구름이 움직이는 모양.

희희(嬉嬉) 기뻐서 웃는 모양.

백백홍홍(白白紅紅) 희끗희끗하고 불긋불긋한 모양.

외외당당(巍巍堂堂) 산이 높고 우뚝하여 웅대한 모양.

중중촉촉(重重矗矗) 겹겹이 높이 솟아 삐죽삐죽한 모양.

천산지산(天山地山) 1. 이런 말 저런 말로 많은 핑계를 늘어놓
는 모양. 2. 갖가지로 엇갈리고 뒤섞이어
갈피를 잡을 수 없는 모양.

이들 낱말은 대체로 같은 글자를 겹친 첩어 형태를 띠고

있는데, 간혹 그렇지 않은 낱말들도 있다. 앞에서 소개한 정지용의 〈장수산 1〉 뒷부분에 이런 구절이 나온다.

▶ 오오 견디란다 차고 올연히 슬픔도 꿈도 없이.

여기 나오는 '올연히'의 뜻은 이렇다.

올연히(兀然히) 홀로 우뚝한 모양.

이와 비슷한 낱말도 있다.

올올히(兀兀히) 1. 꼼짝도 하지 않고 마음을 한곳에 집중하여 똑바로 앉아 있는 모양. 2. 산이나 바위 따위가 우뚝우뚝 솟아 있는 모양.

'올올히' 대신 '올올'을 쓰기도 한다. 한자로 된 의성의태어를 지금 굳이 끄집어내어 사용할 필요는 없다. 다만 오래된 글에 담긴 낱말들을 통해 색다른 느낌을 전해 받을 수 있으면 그만이다.

새로
태어나는

말들

예전에 쓰던 의성의태어들이 사라지는가 하면 새로운 의성
의태어가 끊임없이 등장해서 말글살이의 변화를 실감하게
한다.

이야지야 '흥얼흥얼'의 옛말.
소로소로 '살살'의 옛말.
당싯 '방긋'의 옛말.

이런 말들이 있었다는 걸 아는 사람조차 없다. '곰븨임븨'
가 '곰비임비'가 된 것과는 차원이 달라서 형태가 변한 게 아
니라 낱말 자체가 사라지고 그 자리를 다른 낱말이 차지했다.

지금 이 순간에도 그런 현상은 계속 일어나고 있다.

《표준국어대사전》에는 실리지 않았으나 《고려대한국어대사전》에 실린 의성의태어가 많은데, 그건 《고려대한국어대사전》이 《표준국어대사전》보다 나중에 발간됐으며, 현실에서 통용되는 낱말을 더 폭넓게 수용했기 때문이다. 가령 《표준국어대사전》은 '획'(빠르게 움직이거나 무얼 던지는 모양)과 '씩'(싱겁게 웃는 모양), '핑'(총알이 날아가는 소리)만 인정하지만 《고려대한국어대사전》은 '휘익'과 '씨익', '피융'도 인정하는 식이다.

《고려대한국어대사전》에만 실린 의성의태어는 어떤 것들인지 살펴보자.

가추가추 의식이나 기억이 조금 흐릿해져서 정신이 약간 드는 듯 마는 듯하는 모양을 나타내는 말.

검실북실 거뭇거뭇 복스럽게 빛나는 모양을 나타내는 말.

넘늘넘늘 아래로 길게 축 늘어져 자꾸 흔들거리는 모양을 나타내는 말.

꽈다당 무거운 물체가 단단한 곳에 부딪치거나 넘어질 때 나는 소리를 나타내는 말. 또는 그 모양을 나타내는 말.(거센말: 콰다당)

드륵드륵 큰 물건이 고르지 않게 돌아갈 때 잇따라 나는 소리를 나타내는 말.

딩금딩금 서로 간격이 촘촘하지 않고 떨어져 있는 모양을 나
타내는 말.

때뚝 물체가 중심을 잃고 얼핏 기울어졌다가 도로 일어서는
모양을 나타내는 말.

아그데아그데 열매 따위가 잇따라 많이 매달려 있는 모양을
나타내는 말.

욜그랑살그랑 몸의 일부를 가볍게 살짝살짝 흔들며 자꾸 움
직이는 모양을 나타내는 말.

우하하 즐겁거나 황당하여 갑자기 크게 웃는 소리를 나타
내는 말.

움덕움덕 사람, 짐승 따위가 많이 모여 어수선하게 자꾸 움직
이는 모양을 나타내는 말.

자물자물 무엇이 물에 잠겼다 떠올랐다 하는 모양을 나타
내는 말.

자울자울 잠이 들 듯 말 듯하여 몸을 앞으로 숙였다 들었다
하는 모양을 나타내는 말.

쭉쭉빵빵 몸매 따위가 늘씬하고 볼륨이 있는 모양을 속되게
이르는 말.

쿵당쿵당 몹시 놀라거나 설레거나 하여 가슴이 크고 세게 자
꾸 뛰는 모양을 나타내는 말.

탱자탱자 할 일 없이 빈둥거리는 모양을 나타내는 말.

팔느락팔느락 얄팍한 물건 따위가 바람에 날려 자꾸 흔들리는 모양을 나타내는 말.

활랑활랑 놀라거나 설레어 가슴이 자꾸 빨리 뛰는 모양을 나타내는 말.

후훗 기분이 좋거나 흐뭇할 때 웃는 소리를 나타내는 말.

휘리릭 무엇이 갑자기 지나가거나 어떤 동작을 매우 재빠르게 하는 모양을 나타내는 말.

흐렁흐렁 몸을 흔드는 듯이 움직이며 크게 흐느껴 우는 모양을 나타내는 말.

일부만 찾아서 올렸다. '가추가추'나 '넘늘넘늘'처럼 낯선 낱말도 있지만 '꽈다당', '우하하', '휘리릭'처럼 일상에서 흔히 접하는 낱말들도 있다. '쭉쭉빵빵'이나 '탱자탱자'처럼 변방에 있던 낱말이 드디어 국어사전에 실리게 됐다며 반가움을 표시하는 이들도 있을 듯하다. 거의 사어가 되다시피 한 낱말들보다 이런 일상어가 국어사전에서 더 많은 공간을 차지할 수 있어야 한다.

〈우리말샘〉에는 《고려대한국어대사전》보다 더 많은 의성의태어가 실려 있으며, 최근에 등장한 낱말이나 일종의 속어처럼 사용하는 낱말도 가리지 않고 실었다.

걸럼걸럼 조금 떨어져 있는 모양.

꺄르르 한꺼번에 자지러지게 웃는 소리. 또는 그런 모양.

꽁냥꽁냥 연인끼리 가볍게 스킨십을 하거나 장난을 치며 정
답게 구는 모양.

똘망똘망 조금도 흐리지 않고 아주 밝고 똘똘한 모양.

뽀로롱 어떤 대상의 상태나 모양새 따위가 마법처럼 한순간
에 변하는 소리. 또는 그 모양.

샤랄라 사람 또는 물건이 화려하고 예쁘장한 모양.

샤방샤방 사람 또는 물건이 화사하고 예쁜 모양.

쏼라쏼라 알아들을 수 없는 외국어를 마구 말하는 소리. 또는
그 모양.(본말: 쑤알라쑤알라)

조로롱조로롱 새나 아기 등이 예쁘게 소리 내는 모양.

챱챱 음식을 맛있게 먹는 소리. 또는 그 모양.

치카치카 어린아이가 이를 닦는 소리. 또는 그 모양.

푸하하 재미있거나 기뻐서 크게 입을 벌리고 웃는 소리. 또
는 그 모양.

허걱 몹시 놀랐을 때 내는 소리. 또는 그 모양.

화닥화닥 몸이나 쇠 따위가 뜨거운 기운에 놀라 잇따라 빠르
게 달아오르는 모양.

국어사전 편찬자들이 새로 태어난 말들을 모으기 위해

애쓰고는 있지만 여전히 국어사전 바깥을 떠도는 말들이 많다. 의성의태어만 살펴보더라도 그런 현상은 쉽게 발견된다. 세상에 존재하는 모든 말을 국어사전 안에 끌어들이는 건 어렵고, 국어사전에 실리지 않았다고 해서 쓰지 못할 이유는 없다. 하지만 제법 널리 사용되고 있는 말이라면 더 적극적으로 찾아서 국어사전 안으로 들어올 수 있도록 해야 한다.

《고려대한국어대사전》에만 실린 낱말 중 '클클거리다'라는 용언이 있다. "웃음을 억지로 참으면서 입 속으로 소리를 내며 자꾸 웃다"라는 풀이를 달았는데, '클클'을 독립 표제어로 다루지 않았다. 그런데 현실에서는 '그 남자는 클클 웃고 있었다'처럼 부사로 쓰이는 경우가 많다. 숨을 들이마시는 모양이나 소리를 나타내는 말로 '흡'을 많이 쓰지만 아직 〈우리말샘〉에도 오르지 못했다. 알람과 같은 신호음이나 다이얼을 돌릴 때 나는 소리 등을 뜻하는 '띠릭'과 '띠리릭'도 국어사전 편찬자의 눈길이 닿을 때를 기다리고 있다.

▸ 아들 딸 숨풍숨풍 낳고 행복하세요.
▸ 닭들이 알을 숨풍숨풍 낳기 시작했다.
▸ 외식 한번 하면 돈이 숨풍숨풍 빠져나가는데.
▸ 첫 소설 쓸 때는 아이디어가 숨풍숨풍 나오나요?

인터넷에서 '숨풍숨풍'이 들어간 문장들을 뽑아보았다. 이 말이 생긴 지는 그리 오래되지 않았지만 꽤 많은 사람이 쓰고 있다. 자식이나 새끼를 쉽게 낳는 모양을 주로 가리키지만, 어떤 일을 힘들이지 않고 하는 모양을 가리킬 때도 사용한다. 이런 식으로 새롭게 태어난 말이 사람들의 호응을 받으며 퍼져 나가는 중이다. '숨풍숨풍'도 언젠가는 국어사전의 품에 안길 것이다.

지금까지 여러 차례 언급한 것처럼 북한어로 분류한 낱말들도 적극적으로 끌어안을 필요가 있다.

챙챙 단단하게 여러 번 감거나 동여매는 모양.

우리 국어사전에서는 다른 뜻을 찾을 수 없다. 하지만 북한 사전에서는 '챙챙'에 "탄성이 있는 얇은 쇠붙이나 유리 따위가 자꾸 부딪치거나 바스러질 때 잇따라 맑게 울려 나는 소리"라는 뜻을 담아 풀이하고 있다. 우리는 이런 용법으로 '챙챙'을 쓰지 않는 걸까? '칼과 창이 서로 부딪치는 소리가 챙챙 울린다'와 같이 쓴 문장을 쉽게 발견할 수 있다. 그뿐만 아니라 탬버린을 치거나 흔들 때 나는 소리로 '찰랑찰랑'을 쓰기도 하지만 '챙챙'을 쓰는 사람도 많다. 그렇다면 이런 용법에 맞는 '챙챙'을 위 낱말과 동음이의어로 설정해서 표제어로 실어야 한다.

북한어로 밀려난 낱말들을 생각하면 정말 아쉽다. 배가 고플 때 나는 소리로 우리 국어사전이 '꼬르륵'과 '꾸르륵'만 인정하고 '꼬록꼬록'과 '꾸륵꾸륵' 같은 건 북한어라며 외면하는 건 우리가 실제 사용하는 언어의 현실과도 맞지 않기 때문이다. 국립국어원과 국어사전 편찬자들이 조금 더 열린 자세를 취해주면 좋겠다.

앞으로도 꾸준히 새로운 형태의 의성의태어가 나올 것이다. '블링블링(bling-bling)' 같은 외래어를 끌어와서 일상어처럼 쓰기도 하는데, 이런 현상을 잘못됐다고 하기도 어렵다. 이 모든 변화를 우리말을 더 풍부하게 만드는 요소로 받아안을 수 있어야 한다. 변화에 대한 거부감에 앞서 창조의 힘으로 작동하도록 할 때 한국어가 정체되지 않고 활력을 이어갈 수 있을 것으로 믿는다.

알아두면 좋을 의성의태어들

가닐가닐   1. 벌레가 기어가는 것처럼 살갗이 자꾸 또는 매
             우 간지럽고 자릿한 느낌. 2. 보기에 매우 위태롭
             거나 치사하고 더러워 마음이 자꾸 자린 느낌.(큰
             말: 그닐그닐)

가동가동   1. 어린아이의 겨드랑이를 치켜들고 올렸다 내렸
             다 하며 어를 때에, 아이가 자꾸 다리를 오그렸다
             폈다 하는 모양.

간종간종   흐트러진 일이나 물건을 가닥가닥 가리고 골라
             서 가지런하게 하는 모양.(큰말: 건중건중)

갈근갈근(1)   목구멍에 가래 따위가 걸려 간지럽게 자꾸 가치
             작거리는 모양.(큰말: 걸근걸근)

갈근갈근(2)   음식이나 재물 따위를 얻으려고 조금 자꾸 치사하
             고 구차스럽게 구는 모양.(유의어: 갈갈, 걸근걸근)

갈씬갈씬   겨우 조금 닿을락 말락 하는 모양.(큰말: 걸씬걸씬)

거춤거춤   1. 일을 대강대강 하는 모양. 2. 여기저기 대강대
             강 거쳐 가는 모양.

거충거충   일을 세밀하지는 못하여도 쉽고 빠르게 하는 모양.

거푼거푼	물체의 한 부분이 바람에 떠들려 자꾸 가볍게 움직이는 모양.(유의어 : 거풋거풋)
건둥반둥	일을 다 끝내지 못하고 중도에서 성의 없이 그만두는 모양.(동의어 : 반둥건둥)
경성드뭇	많은 수효가 듬성듬성 흩어져 있는 모양.
고붓고붓	여럿이 다 약간 곱은 듯한 모양.(유의어 : 구붓구붓, 꼬붓꼬붓)
구슬구슬	물 따위가 구슬처럼 많이 맺히거나 산산이 흩어지는 모양.
군실군실	벌레 같은 것이 살갗에 붙어 자꾸 기어가는 듯한 느낌.
궁싯궁싯	1. 잠이 오지 아니하여 누워서 몸을 이리저리 자꾸 뒤척거리는 모양. 2. 어찌할 바를 몰라 이리저리 자꾸 머뭇거리는 모양.
글컹글컹	남의 심사를 자꾸 긁어 몹시 상하게 하는 모양.
깰깩깰깩	숨이 차서 목구멍이 조금 벅찼다가 자꾸 터져 나오는 소리. 또는 그 모양.
꺽죽꺽죽	혼자 잘난 듯이 자꾸 몸을 흔들며 떠드는 모양.
꼬지꼬지	빈틈이 없이 빽빽한 모양.
꾀음꾀음	달콤한 말이나 교묘한 말로 남을 자꾸 꾀는 모양.(준말 : 꾐꾐)
끄먹끄먹	1. 자꾸 희미한 불빛 따위가 꺼질 듯 말 듯한 모양. 2. 자꾸 눈을 가볍게 감았다 떴다 하는 모양.(작은

말: 까막까막)

낄낄낄낄   숨이 차서 목구멍이 벅찼다가 자꾸 터져 나오는
        소리. 또는 그 모양.

날짱날짱   나른한 태도로 느리게 쉬엄쉬엄 행동하는 모
        양.(큰말: 늘쩡늘쩡)

너부시   1. 큰 사람이 매우 공손하게 머리를 숙여 절하는
        모양. 2. 큰 사람이나 물체가 천천히 땅 쪽으로 내
        리거나 차분하게 앉는 모양.(작은말: 나부시)

넙신넙신   1. 윗몸을 가볍고 재빠르게 자꾸 구부리는 모양.
        2. 입을 재빠르고 경망스럽게 자꾸 놀려 말하는
        모양.(작은말: 납신납신)

느실느실   1. 느릿느릿 움직이거나 걷는 모양. 2. 축 늘어져
        자꾸 너울너울 움직이는 모양.

는실난실   성적(性的) 충동으로 인하여 야릇하고 잡스럽게
        구는 모양.

는적는적   물체가 힘없이 자꾸 축 처지거나 물러지는 모
        양.(작은말: 난작난작)

는지럭는지럭 1. 말이나 행동 따위를 몹시 느리고 굼뜨게 하는
        모양. 2. 물체가 심하게 물크러질 정도로 힘없이
        자꾸 축 처지거나 물러지는 모양.

다듬작다듬작 1. 무엇을 찾거나 알아보려고 나릿나릿하게 손으
        로 자꾸 이리저리 만지는 모양. 2. 말을 하거나 글
        을 읽을 때 자꾸 나릿나릿하게 더듬는 모양.(유의

어 : 더듬적더듬적, 따듬작따듬작, 떠듬적떠듬적)

달망달망	손이나 어깨, 엉덩이 따위가 자꾸 천천히 가볍게 들렸다 놓였다 하는 모양.(큰말: 들멍들멍)
더금더금	어떤 것에 조금씩 자꾸 더하는 모양.(센말: 더끔더끔)
덩드럭덩드럭	1. 자꾸 잘난 체하며 함부로 구는 모양. 2. 자꾸 신이 나서 떠들썩하게 노는 모양.
도담도담	어린아이가 탈 없이 잘 놀며 자라는 모양.
둥싯둥싯	굼뜨고 거추장스럽게 잇따라 움직이는 모양.(센말: 뚱싯뚱싯)
들큰들큰	언짢거나 불쾌한 말로 자꾸 남의 비위를 건드리는 모양.
때군때군	말소리 따위가 또렷또렷하고 센 모양.
뙤뙤	말 더듬는 소리.
뚜렛뚜렛	어리둥절하여 눈을 이리저리 굴리는 모양.
말긋말긋(1)	1. 생기 있게 맑고 환한 모양. 2. 생기 있는 눈으로 말똥말똥 쳐다보는 모양.
말긋말긋(2)	액체 속에 덩어리가 섞여 있는 모양.
무뜩무뜩	생각이나 느낌 따위가 갑자기 자꾸 떠오르는 모양. '문득문득'보다 센 느낌을 준다.
무쩍무쩍	1. 한쪽에서부터 조금씩 차례로 잘라 먹는 모양. 2. 한쪽에서부터 차례로 남김없이.
문치적문치적	일을 결단성 있게 하지 못하고 자꾸 어물어물 끌

어가기만 하는 모양.(준말: 문칫문칫)

반송반송	잠은 오지 아니하면서 정신만 말똥말똥한 모양.
발록발록(1)	탄력 있는 조그만 물체의 틈이나 구멍이 작게 잇따라 벌어졌다 오므라졌다 하는 모양.(큰말: 벌룩벌룩)
발록발록(2)	하는 일이 없이 놀면서 여기저기 돌아다니는 모양.(큰말: 벌룩벌룩)
번죽번죽	번번하게 생긴 사람이 자꾸 매우 얄밉게 이죽이죽하면서 느물거리는 모양.
벼름벼름	마음먹은 일을 이루려고 자꾸 마음속으로 준비를 단단히 하고 기회를 엿보는 모양.
보각보각	술 따위가 발효하여 거품이 생기면서 잇따라 나는 소리.(큰말: 부걱부걱)
부전부전	남의 사정은 돌보지 아니하고 자기가 하고 싶은 일에만 서두르는 모양.
부픗부픗	1. 무게는 나가지 아니하지만 부피가 매우 큰 듯한 모양. 2. 실속은 없이 매우 엉성하게 큰 모양.
비걱배각	단단한 물건이 자꾸 서로 닿아서 갈릴 때 나는 소리.
비금비금	견주어 보아서 서로 비슷한 모양.
살긋살긋	물체가 자꾸 한쪽으로 약간 배뚤어지거나 기울어지는 모양.(유의어: 샐긋샐긋, 실긋실긋, 쌀긋쌀긋)
살망살망	가늘고 긴 다리를 가볍게 들어 옮기면서 걷는 모양을 나타내는 말.(큰말: 설멍설멍)

서털구털	말이나 행동이 침착하고 단정하지 못하며 어설 프고 서투른 모양.
소마소마	무섭거나 두려워서 마음이 초조한 모양.
소소리	높이 우뚝 솟은 모양.
수군숙덕	남이 알아듣지 못하도록 낮은 목소리로 몹시 어 수선하게 이야기하는 소리. 또는 그 모양.
수리수리	눈이 흐려 보이는 것이 희미하고 어렴풋한 모양.
수슬수슬	천연두나 헌데 따위가 딱지가 붙을 정도로 조금 마른 모양.
수월수월	힘을 들이지 않고 아주 쉽게 하는 모양.
숭굴숭굴	1. 얼굴 생김새가 귀염성이 있고 너그럽게 생긴 듯한 모양. 2. 성질이 까다롭지 않고 수더분하며 원만한 모양.
시난고난	병이 심하지는 않으면서 오래 앓는 모양.
시콩시콩	발동기 따위를 처음 움직일 때에 잇따라 나는 소리.
신들신들	자꾸 시건방지게 행동하는 모양.
실떡실떡	실없이 웃으며 쓸데없는 말을 자꾸 하는 모양.
쓰렁쓰렁	1. 남이 모르게 비밀히 행동하는 모양. 2. 일을 건 성으로 하는 모양.
아삼아삼	1. 무엇이 보일 듯 말 듯 희미한 모양. 2. 무엇이 기 억날 듯 말 듯 희미한 모양.
앙당그레	1. 마르거나 졸아지거나 굳어지면서 뒤틀리는 모 양. 2. 춥거나 겁이 나서 몸이 옴츠러지는 모양.

애면글면	몹시 힘에 겨운 일을 이루려고 갖은 애를 쓰는 모양.
어뜩비뜩	1. 행동이 바르거나 단정하지 못한 모양. 2. 모양이나 자리가 이리저리 어긋나고 비뚤어져 한 줄에 고르게 놓이지 못한 모양.
어리마리	잠이 든 둥 만 둥 하여 정신이 흐릿한 모양.
어리어리	겉잠이나 얕은 잠이 설핏 든 모양.
어석더석	곱고 매끈하지 못하고 삐죽삐죽 투박한 모양.
어슷비슷	1. 큰 차이가 없이 서로 비슷비슷한 모양. 2. 이리저리 쏠리어 가지런하지 아니한 모양.
어슷어슷(1)	힘없이 천천히 거니는 모양.
어슷어슷(2)	여럿이 다 한쪽으로 조금 비뚤어진 모양.
어정버정	1. 하는 일 없이 이리저리 천천히 걷는 모양. 2. 어색하고 부자연스럽게 행동하는 모양.
얼낌덜낌	얼떨떨한 상태에서 덩달아 하게 되는 상황.
얼쯤얼쯤	1. 자꾸 주춤거리는 모양. 2. 자꾸 얼버무리는 모양.
야긋야긋	톱날처럼 높고 낮은 차이가 적고 어슷비슷한 모양.
야울야울	불이 순하게 살살 타는 모양. (큰말: 여울여울)
여싯여싯	무슨 말을 하려고 자꾸 머뭇거리는 모양. (동의어: 여짓여짓)
여흘여흘	강이나 개울의 물살이 빠르게 좔좔 흐르는 모양.
오구작작	어린아이들이 한곳에 모여 떠드는 모양.
오불조불	생각이나 하는 짓이 통이 크지 못하고 잔 모양.
오빗오빗	좁은 틈이나 구멍 속을 가볍고 빠르게 자꾸 갉아

내는 모양.(유의어: 우빗우빗, 호빗호빗, 후빗후빗)

오작오작   1. 조금씩 자꾸 나아가는 모양. 2. 조금씩 불어나
거나 줄어드는 모양.(유의어: 우적우적, 오짝오짝)

올올   갑자기 추워서 몸을 옹그리고 떠는 모양.

옹송망송   뒤숭숭하게 생각이 잘 떠오르지 않고 흐리멍덩
한 모양.

와당와당   함석지붕이나 슬레이트 지붕 따위에 굵은 빗방
울이 자꾸 방울방울 떨어지는 소리.

왁달박달   성질이나 행동이 곰살갑지 못하며 조심성 없이
수선스러운 모양.

왜그르르   1. 된밥이나 굳은 물건 따위가 흐슬부슬 한꺼번
에 헤어지는 모양. 2. 단단한 물건이 우수수 떨어
지는 모양.

왜글왜글   된밥이나 굳은 물건 따위가 흐슬부슬 자꾸 흩어
지는 모양.

왜깍대깍   그릇 따위가 부딪치거나 깨어질 때 요란스럽게
나는 소리. 또는 그 모양. '왜각대각'보다 조금 센
느낌을 준다.

왜쭉비쭉   성이 나거나 토라져서 소리 없이 입술을 내밀고
이리저리 실룩이는 모양.

왜쭉왜쭉   걸핏하면 성이 나서 잇따라 토라지는 모양.

우글지글   그릇에서 물이나 찌개 따위가 자꾸 요란스럽게
소리를 내며 끓는 소리. 또는 그 모양.(작은말: 오

글자글)

우둔우둔	가슴이 자꾸 세차게 뛰는 모양.
우둥부둥	몸이나 얼굴이 살쪄 퉁퉁하고 매우 부드러운 모양.(유의어: 오동보동, 오동포동, 우둥푸둥)
우둥우둥	여러 사람이 바쁘게 드나들거나 서성거리는 모양.
움죽움죽	몸의 한 부분을 움츠리거나 펴거나 하며 잇따라 움직이는 모양.(유의어: 옴죽옴죽, 움쭉움쭉)
웅긋웅긋	1. 큰 물체들이 솟아 있거나 불거져 있는 모양. 2. 키가 큰 사람들이 서서 모여 있는 모양.(작은말: 옹긋옹긋)
이드르르	번들번들 윤기가 돌고 부드러운 모양.(유의어: 부들부들, 야드르르, 이들이들, 이드를)
인성만성	1. 많은 사람이 모여 혼잡하고 떠들썩한 모양. 2. 정신이 어지럽고 흐릿한 모양.
일긋얄긋	짜인 물건의 사개가 잘 맞지 아니하고 느슨하여 고르지 아니하게 이리저리 자꾸 비뚤어지는 모양.
자긋자긋	1. 살며시 가볍게 자꾸 힘을 주는 모양. 2. 계속해서 조용히 참고 견디는 모양.(큰말: 지긋지긋)
자늑자늑	동작이 조용하며 가볍고 진득하게 부드럽고 가벼운 모양.
자락자락(1)	갈수록 더욱 거리낌 없이 구는 모양.
자락자락(2)	손뼉을 가볍게 여러 번 칠 때 잇따라 나는 소리나 그 모양.

자란자란	1. 액체가 그릇에 가득 차 가장자리에서 넘칠 듯 말 듯한 모양. 2. 물건의 한쪽 끝이 다른 물건에 가볍게 스칠 듯 말 듯한 모양.(유의어: 지런지런, 차란차란, 치런치런)
자부락자부락	가만히 있는 사람을 실없이 자꾸 건드려 귀찮게 하는 모양.(큰말: 지부럭지부럭)
자분자분	좀스럽게 짓궂은 말이나 행동 따위로 자꾸 남을 귀찮게 하는 모양.(큰말: 지분지분)
잔물잔물	눈가나 살가죽이 약간 짓무르고 진물이 괴어 있는 모양.(큰말: 진물진물)
접첨접첨	여러 번 접어서 포개는 모양.
조릿조릿	조바심이 나서 마음을 놓을 수 없는 모양.
조속조속	기운 없이 꼬박꼬박 조는 모양.
줄먹줄먹	여러 개의 큰 사물이 고르지 아니하게 뒤섞여 있는 모양.
중절중절	수다스럽게 중얼거리는 소리. 또는 그 모양.
지벅지벅	길이 어둡거나 힘하여 잘 보이지 아니하거나, 또는 다리에 힘이 없어서 서투르게 휘청거리며 걷는 모양.
지분지분	자꾸 짓궂은 말이나 행동으로 남을 귀찮게 하는 모양.
지싯지싯	남이 싫어하는지는 아랑곳하지 아니하고 제가 좋아하는 것만 자꾸 짓궂게 요구하는 모양.

지정지정	곧장 내달아 가지 아니하고 조금 한곳에서 머뭇거리는 모양.
지짐지짐	조금씩 내리는 비가 자꾸 오다 말다 하는 모양.
진둥한둥	매우 급하거나 바빠서 몹시 서두르는 모양.(작은말: 진동한동)
천덩천덩	끈기 있는 액체가 뚝뚝 떨어지거나 길게 처져 내리는 모양.
초군초군	아주 꼼꼼하고 느릿느릿한 모양.
칠떡칠떡	물건이 자꾸 길게 늘어져 바닥에 닿았다 들렸다 하며 끌리는 모양.
터드렁	깨어진 쇠 그릇 따위가 부딪치거나 떨어져 둔하게 울리는 소리.(유의어: 터렁, 타드랑)
트레트레	노끈이나 실 따위가 둥글게 빙빙 틀어진 모양.
파니	아무 하는 일 없이 노는 모양.(유의어: 퍼니, 팡팡, 펀펀)
함치르르	깨끗하고 반지르르 윤이 나는 모양.(큰말: 흠치르르)
해발쪽	입이나 구멍 따위가 속이 들여다보일 정도로 조금 넓게 바라진 모양.(큰말: 헤벌쭉)
허룽허룽	말이나 행동을 다부지게 하지 못하고 실없이 잇따라 가볍고 들뜨게 하는 모양.(작은말: 하롱하롱)
허벅허벅	과일 따위가 너무 익었거나 딴 지 오래되어 물기가 적고 퍼석퍼석한 모양.

허영허영	1. 앓고 난 뒤처럼 걸음걸이가 기운이 없어 쓰러질 듯이 비틀거리는 모양. 2. 속이 텅 빈 것처럼 매우 허전한 느낌.
헤근헤근	어떤 물건의 사개가 꼭 들어맞지 아니하고 벌어져 잇따라 흔들리는 모양.
헤싱헤싱	촘촘하게 짜이지 아니하여서 헐겁고 허전한 느낌이 있는 모양.
홍알홍알	조금 흥에 겹게 계속해서 종알종알 재갈이는 소리. 또는 그 모양.
휘정휘정	물 따위를 자꾸 함부로 젓거나 하여 흐리게 하는 모양.
흔뎅흔뎅	큰 물체가 위태롭게 매달려 잇따라 흔들리는 모양.(작은말: 한댕한댕)
흘근번쩍	눈을 흘기며 번쩍이는 모양.(첩어: 흘근번쩍흘근번쩍)
흘근흘근	느릿느릿 굼뜨게 걷거나 행동하는 모양.
흘쭉흘쭉	1. 일을 다잡아 하지 아니하고 자꾸 일부러 검질기게 질질 끄는 모양. 2. 일부러 걸음을 매우 느릿느릿 자꾸 걷는 모양.
흥뚱항뚱	어떤 일에 정신을 온전히 쓰지 아니하고 꾀를 부리거나 마음이 들떠 행동하는 모양.
힝뚱힝뚱	일에 정성이 없거나 마음이 들떠 건들건들 지냄. 또는 그런 모양.

의성의태어의 발견

초판 1쇄 인쇄 | 2023년 6월 1일
초판 1쇄 발행 | 2023년 6월 9일

지은이 박일환
발행인 박효상
편집장 김현
기획·편집 장경희
디자인 임정현

편집·진행 김효정
교정·교열 강진홍
표지·본문 디자인 정정은
마케팅 이태호, 이전희
관리 김태옥

종이 월드페이퍼 | **인쇄·제본** 예림인쇄·바인딩 | **출판등록** 제10-1835호
펴낸 곳 사람in | **주소** 04034 서울특별시 마포구 양화로 11길 14-10(서교동) 3F
전화 02)338-3555(代) | **팩스** 02)338-3545 | **E-mail** saramin@netsgo.com
Website www.saramin.com

책값은 뒤표지에 있습니다.
파본은 바꾸어 드립니다.

© 박일환 2023

ISBN 978-89-6049-225-7 14710
     978-89-6049-801-3 세트

우아한 지적만보, 기민한 실사구시 사람in